平凡社新書
833

パニック経済

経済政策の詭弁を見破る

逢沢明
AIZAWA AKIRA

HEIBONSHA

パニック経済●目次

はじめに

経済政策や、あるいは経済学自体にも、しばしば「詭弁」といったものが紛れ込むようです。

詭弁とは、「偽りの論理」という意味です。要するに、正しくない論理であるにもかかわらず、それに基づいて無謀な経済政策が行われたり、あるいは問題が多すぎる経済理論が流布されたりします。経済学の専門概念では、「限定合理性」という問題に関連します。

そんな詭弁の行き着くところ、私たちの日常的な経済活動が抜き差しならぬ状態に追い込まれ、国民を犠牲にして突き進みます。まさに〝暴走〟や〝没落〟や〝崩壊〟に陥るといった事態さえ招きかねません。哲学者バートランド・ラッセルは、かつて世界大恐慌のさなか、「世界は発狂しているか？」とまで警鐘を発しました。

詭弁と呼ぶよりは、意図せざる誤り、能力不足ゆえの誤りということもあるでしょう。

誤っているからこそ、かえって訂正されず、さらに誤りを糊塗《こと》するのが、人間の弱さや宿命でもあります。大恐慌に見舞われた世界は、ラッセルの憂鬱どおり、やがて第二次世界大戦にまで突き進みました。しかし、その反省は生かされず、近時の日本経済を見ても、ほとんど〝カジノ経済〟という道筋をたどってきました。

本書では、科学的で安定した視点を知っていただくために、理系で確立された手法なども経済問題の考え方に持ち込んでいます。教科書にない考え方を知る副読本としても利用できるでしょう。科学の論理を導入したため、経済への見方が新しく、かつ信頼性が高いと感じてもらえるかと思います。数式は用いませんし、実例と図表をご覧いただければわかるように記述しました。

もちろん科学的精神の基本中の基本は、「実データを尊重する」ことですから、厳選したデータを徹底して収集しました。科学では「誰それいわく」に基づく論法は常に軽蔑の対象ですので、実データ主義の立論を尊重しました。普遍性を追究するという意味で、歴史をはるかにさかのぼったデータもいろいろとお知りいただけるでしょう。

本書は通説の解説書ではありません。代表的な経済理論の難点に対しても、その論破を行っています。科学の手法に接すると、目からウロコが落ちる感覚やスリルさえ感じていただけるかもしれません。

有名な「公共事業は、穴を掘って埋め戻すだけでも、景気が良くなる」という説の論破は、その一例です。もちろん「中央銀行はヘリコプターからお札をばらまけ」論なども扱いました。経済学でおなじみの手法としては、ゲーム理論の専門家として、戦略的思考法をそこここに組み込んでいます。最後までお読みになれば、「プライマリーバランス（基礎的財政収支の均衡）」政策の深刻な難点までおわかりになるでしょう。

近年の日本経済を憂慮しての執筆ですから、あまりにも不幸な経済破綻の後に本書が世に出ることを危惧しています。経済パニックを乗り切る普遍的な知恵を、本書の随所に盛り込みました。たとえば第4章は非常に重要な章で、〝負の遺産〟と化す「箱モノ予算の実像と対策」を、かつて旧建設省の技術政策委員を務めていた経験をもとに執筆しています。

私は経済学者ではありませんが、理系の科学者の端くれとして、「国民目線での科学的経済論」をいま開演します。もし皆さんがおもしろいと感じられて、あちこちで話題にしていただけるなら、国の政策に反映されることがあるかもしれません。

第1章　個人金融資産の構造は何を語るか

——経済パワーゲームが政策を誤らせる

日米ユーロ圏の個人金融資産を比較する

次のグラフは、代表的な国・地域の個人金融資産に関するデータです。日本、アメリカ、ユーロ圏の個人金融資産を比較したもので、日米は2015年末、ユーロ圏は2015年9月末のデータを用いました。当時のおよその為替レートで換算して、1ドル＝110円、1ユーロ＝125円としました。

科学の分野では、「データに基づいて考えよ」が金科玉条です。誰それがこう言ったというよりも、データにこそ重要な真実が含まれているからです。

ところが、データというのは退屈なものです。グラフ（図1‐1）を見れば、アメリカの個人金融資産は、日本より多く、ざっと4倍で、ユーロ圏の資産規模は日本の1・5倍強であることがわかるでしょう。

このグラフは、日銀の公表論文にあったデータを用いています。私が表現法をまったく変えてグラフ化しました。もっと詳しく見れば、たとえば日米ユーロ圏の「現預金額は大差ない」といった意外な特徴を、グラフから読み取っていただけるでしょう。

このグラフでは、下へ行くほど「安全資産」、上へ行くほど「リスク資産」です。アメ

図１－１　日米ユーロ圏の個人金融資産の比較

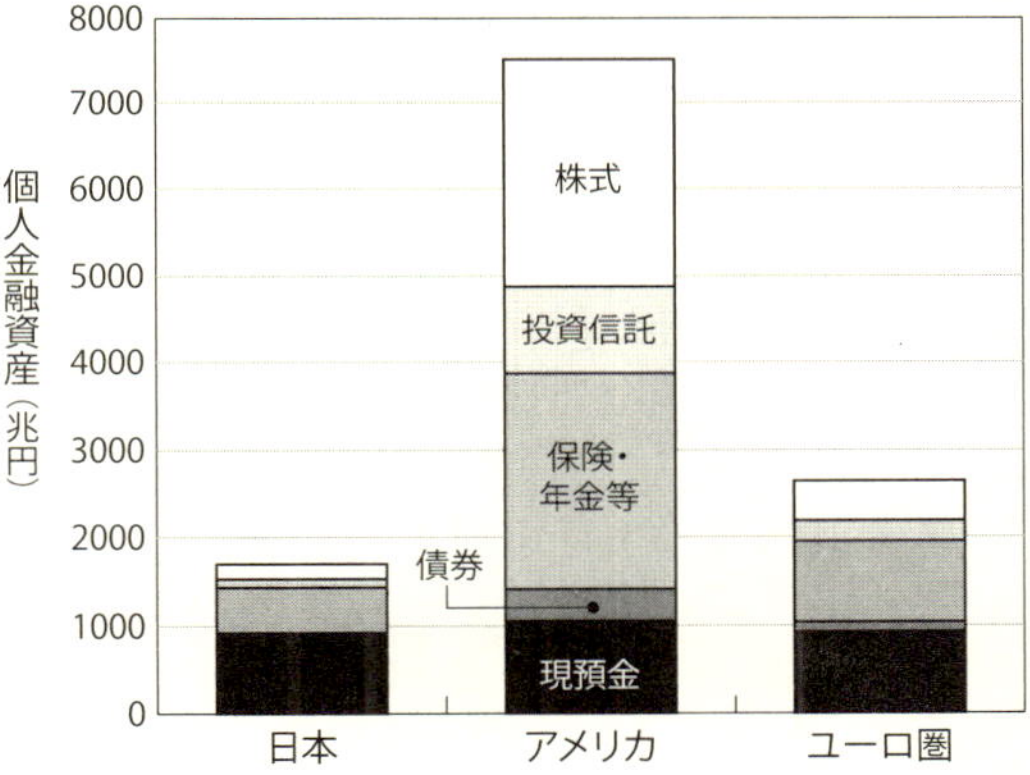

（出典）日本銀行の公表データをもとに作成

リカでは、「株式」と「投資信託」だけでほぼ半分近い構成比率だとおわかりになるでしょう。アメリカ人は個人金融資産を非常に大胆に運用しているのです。それに比して、日本人は老後の備えを確実なものとしたいのか、現預金に頼りがちだと判断されます。

たった一つのグラフですが、経済ゲームという立場で、このグラフから強力な戦略の立案が可能です。科学的で大胆な思考法のほんのちょっとした適用例ですが、それをまずこの章でお示しします。

データは複眼思考で読め

経済なる対象は、科学的かつ厳密に考えなければならないはずです。ところが、科学の分野にいる人間から見ると、経済分野はまだまだ迷信だらけではないか、といささかの懸念を感じるのです。

データは、多面的な視点から、できるかぎりさまざまな知見を得るように、詳しく読み取らねばなりません。ビジネス書のセンスでいうなら、「複眼思考を行え」ということです。しかし、そんなお題目で満足しているようでは、科学分野では一笑に付されてしまいます。お題目を知るだけではなく、実践して初めて科学的精神だということです。

たとえば、従来の経済分野の典型的な論法は、「アメリカの後追い」路線でした。アメリカ人は、資産をリスクの高い分野で運用している。日本は世界の趨勢からすっかり遅れているではないか。株式市場こそがわれわれの資本主義を支える根幹となる場だ。日本の庶民はもっと株を買って、株高によって個人金融資産を増やせ——と。

どこかで聞いたような論法ですが、残念ながらこれは「単眼思考」です。いつもアメリカの後追い、かつ世間で俗にいう「行け行けドンドン」型で、まさに視野狭窄《きょうさく》状態だということです。

あのバブル経済に狂奔した時代、「行け行けドンドン」型が日本を奈落の底に突き落としました。しかも、いまだにその負の遺産に苦しみ続けています。もし単眼思考を抜け出られないのなら、近年のナントカノミクス路線も、同じ轍を踏んでしまうにちがいないでしょう。

欧米を利する経済パワーゲーム

ところがこの単眼思考は、欧米からおおいに歓迎されます。それはなぜでしょう。ごく簡単なことで、欧米を利するからです。日本人が愚かだなどというのではなく、欧米に有利な「経済パワーゲーム」に巻き込まれてしまっているのです。

先ほどのグラフを忘れないうちに、もう一度見直してください。日米ユーロ圏の株式資産を比較すると、そのほとんどをアメリカが握っていることがわかります。それは何を意味しているでしょうか。

日本が株高政策を採用して、どんどん株価を上げようとしたとしましょう。そのために政府には大きなコストがかかります。株価を上げるために、政府や日銀が大量におカネをばらまくからです。どんな名目であれ、結局は株高になるようなおカネのばらまき方を採用します。

それがどこの誰を利するでしょうか。先ほどのグラフの数値データによれば、アメリカ人の株式資産は、日本人の16倍近いのです。ユーロ圏も約３倍です。しかも世界の金融市場はすっかりグローバル化しています。

もうおわかりでしょう。日本政府が株高政策に大量の資金を投入すれば、それは日本よりも欧米を、10倍といった桁でさえ利することになりかねません。その数値が少々大げさだとしても、日本の株式市場で、外国人の売買比率が約7割といったデータ、日本の年金資金が海外株式へ大量に資金を移動してきた動きなど、欧米を大きく利していたはずだというデータが山ほどあるわけです。

日本が「株高政策を採用したい」と述べたとき、欧米側は「それはすばらしい政策だ。まったく正しい」とおおいに励ましてくれるにちがいありません。日本政府の財布から、欧米へ大量のおカネが流出するも同然だからです。他方、日本人の税金で行われる政策であるにもかかわらず、自らのフトコロに戻るおカネは微々たるものなのです。

集計をきちんと行うのは困難ですが、皆さんもそれを理解されるでしょう。大量のおカネが、欧米を利するために流出した――と。株高政策は、そういった意味で、非常に危険でもあり、かつ極端にコストパフォーマンスが悪い政策だということでもあるのです。大きな誤りというべき政策を採用した時点で、欧米が望むがままの経済パワーゲームに巻き込まれたはずなのです。

図１－２　ダウ平均株価の推移（1985～2016年）

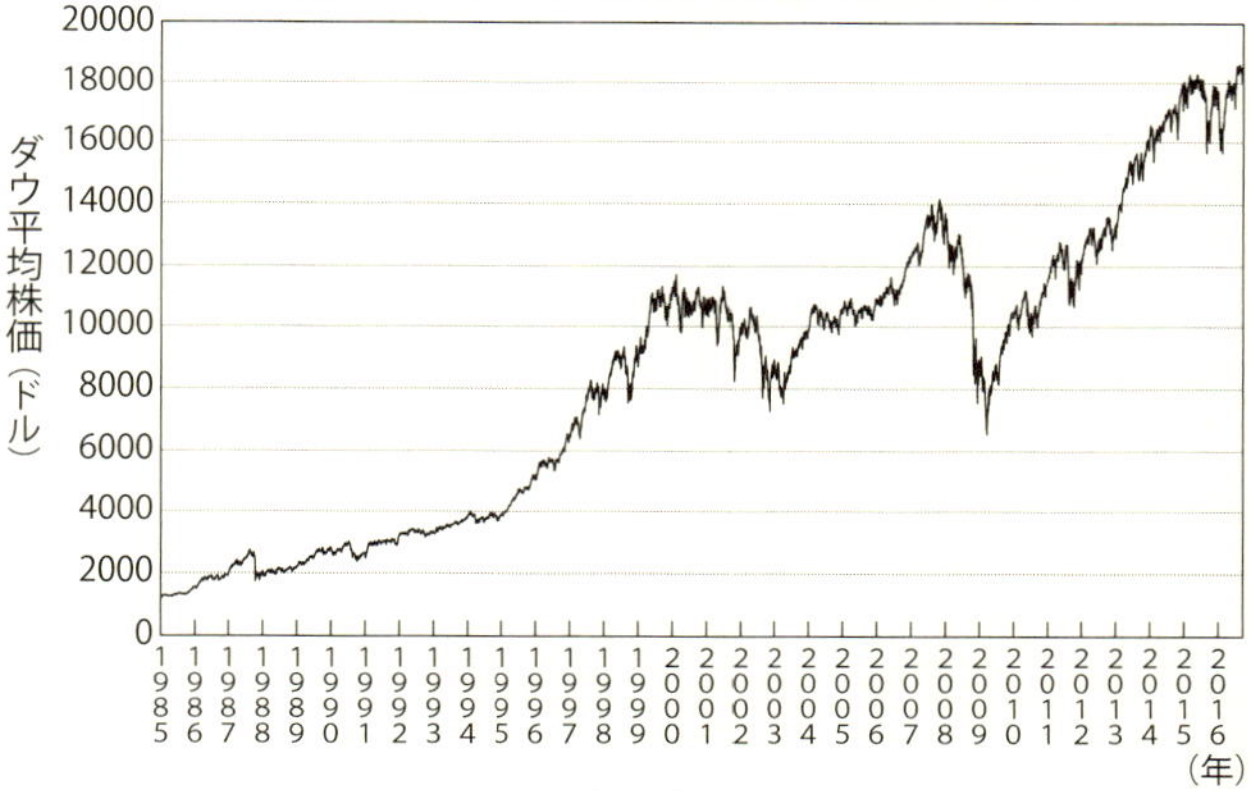

（出典）ダウ・ジョーンズ社の公表データによる

抜き差しならぬ状態を他国は望む

この懸念を裏づける手掛かりにするため、別のグラフ（図１－２）を見てみましょう。アメリカの「ダウ平均株価」のチャートです。

グラフは、当時の先進５ヵ国（Ｇ５）がいわゆるプラザ合意を取り決めた１９８５年から始めました。「アメリカ経済を守れ」という会議だったため、円が2倍にも高騰するような超円高に見舞われました。世界経済の仕組みが激変した年だったのです。

この年の初日、ダウ平均は１１９８ドルでした。一方、本書を執筆中の２０１６年９月の時点で、終値ベースの最高値は１万８６３６ドルです。30年余りで「15倍以上」にも高騰したのです。アメリカの株価は、まさに暴走状態のような高所恐怖症的局面にあるといえるでしょう。

日本がいわゆる異次元金融緩和を始めた２０１３年、年明けのダウ平均は１万３４１２ドルでした（異次元緩和は4月からでしたが、先行して株価が上がっていたため、年初の株価を採用しています）。以後、アメリカの株価は4割近く上げましたが、アメリカ側がその局面で売り抜けた株を、日銀や日本の年金資金がかなり買い込んだことでしょう。

この株価チャートを見ていると、「崩壊するまでバブルではない」「まだまだ大丈夫」などと言っている場合ではないほどの危機感を覚えるのです。かつて日本を席巻した「地価はけっして下がらない」説と同様の妄説の可能性があります。株価が15倍にも上がったなら、株式市場が逆回転したとたんに、15分の１にも下がる恐れがあるのです。

かつて、世界大恐慌でダウ平均株価は「９割安」まで下がりました。今回の株価チャートは、それを超えるほどの株価大暴落を予感させかねません。

アメリカの株価がそんな高騰を続けるなかで、日本政府は「株高政策を採用しよう」と発信したわけです。もし皆さんがアメリカ政府側だったり、アメリカの経済学者だったなら、どう返答するでしょうか。かならずや「すばらしい政策だ！」と答えるでしょう。本音でも建前でも、アメリカにとってそんなにも好都合な話はめったにないからです。日本は抜き差しならぬ状態に引きずり込まれました。

命ガネの年金をつぎ込む危険なワナ

この〝カジノ経済〟と呼べるような状態に足を踏み入れてしまいますと、胴元は大歓迎してくれます。世界大恐慌の時代には、「信用取引（当時はマージン取引といいました）」という方法がおもでした。少額の証拠金だけで、多額の株式取引を行うという、要するに借金型の危険なギャンブル法でした。

もっとも危険な投資法として、「命ガネをつぎ込む」という致死的なワナがあります。暮らしていくために必須で、ギャンブルなどにけっして回してはいけない資金を、カジノにつぎ込むという危機的なワナです。そんなことをすれば、かなりの確率で、生活が完全に破綻してしまいます。

ところが、日本政府はそんな〝命ガネ〟にも手をつけました。特に年金資金です。つまり日本国民の老後の生活を守るために預かった必須の資金です。表１‐１に示すのは、代表的な運用機関である「年金積立金管理運用独立行政法人（ＧＰＩＦ）」の「基本ポート

表1－1　年金運用GPIFの基本ポートフォリオの変化

資産	2004年		2013年		2014年
国内債券	67%±8%	→	60%±8%	→	35%±10%
国内株式	11%±6%	→	12%±6%	→	25%±9%
外国債券	8%±5%	→	11%±5%	→	15%±4%
外国株式	9%±5%	→	12%±5%	→	25%±8%
短期資産	5%	→	5%	→	－

（出典）GPIFの公表データによる

フォリオ（資産構成割合）」の変化です。

ＧＰＩＦでは、国内外の株式を足した目標運用比率は、もともと2割前後でした。それを２０１４年には5割前後にまで増やしました。もっとも極端な場合には、最高で株式比率が3分の2（67パーセント）という超高リスク運用を許容したのです。

日本の年金資金がどんどん株を買えば、巨大な資金量ですから、株価はどんどん上がります。しかし、大量に換金しようとすれば、株価の暴落を招くでしょう。それを恐れるなら、もはや売り抜けは不可能です。

日本は抜き差しならない状態に踏み込みましたが、他国はもちろんそれを大歓迎するでしょう。カジノ経済に〝命ガネ〟をつぎ込んだ日本が、もはや足抜けできるはずもないからです。

危機を打ち破る科学的分析法とは

皆さんの老後の生活保障制度は、あまりにもカジノ的な方式に転換されました。現在の高齢世代の生活がリスクにさらされるだけではありません。若い人たちの将来も、このカジノ経済の人質として取られてしまったのです。

目前にそびえているのは、「アメリカ株価の超バブル？」という、百年に１度級のハイリスクと不安です。百年に１度級の前例となると、かつての世界大恐慌の場合、経済停滞は数十年にもわたって続きました。１９２９年の暴落前の株価に復したのは、１９５０年代になってからだったからです。つまり少なくともひと世代若い人たちも、この大暴走の影響をこうむらざるをえないのかもしれません。

「最悪のババ抜きゲームで、いかにして自国の損害を少なくするか？」という絶望的な大問題が生じる恐れがあります。従来の日本なら、「もはや策なし」と、単眼思考や従来路線のままに傷口を深くするばかりかもしれません。しかし科学的分析法は、複眼思考をモットーとして、ありとあらゆる打開策を検討してみるのです。

図1－3　株価暴落後の日米ユーロ圏の個人金融資産の想像図

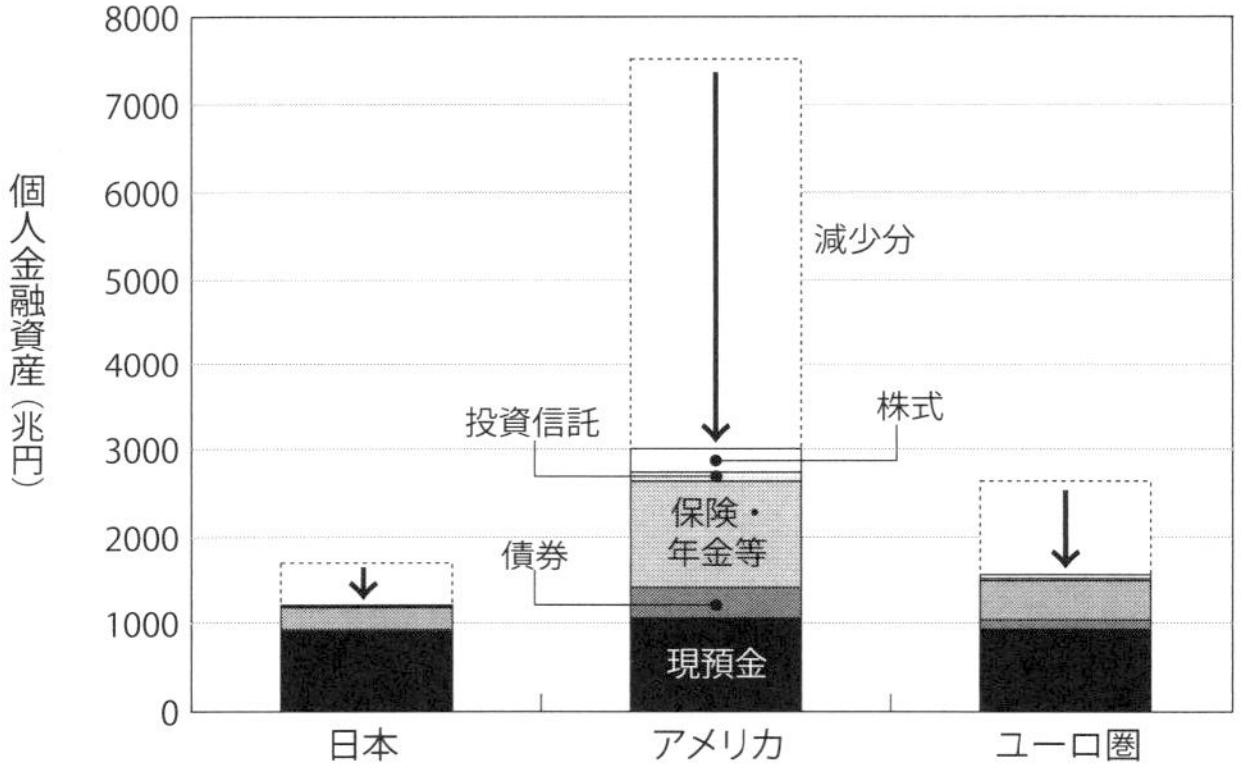

著者作成

最初のグラフ（図1－1）では、日米ユーロ圏の比較で、「現預金」の総額に大差はありませんでした。ところが、「株式」や「投資信託」というリスク資産は、アメリカでは資産総額の半分程度を占め、日本では微々たるものでした。

複眼思考の一例として、「リスク資産が9割安に大暴落」という危機的な状況を想定してみましょう。アメリカ人の資産は激減し、ユーロ圏もそれに次ぎます。他方、日本はこの3者でリスク資産がもっとも少ないため、暴落後の資産力を比較してみると、「3地域の中で、日本の相対的地位が高まる」という結果がもたらされるのです。

株価暴落後の想像図（図1－3）を示しま

した。株式と投資信託は9割減、保険・年金等は半減としました。アメリカの個人金融資産は、かつて日本の4倍近かったのですが、暴落後は日本の2倍半程度まで減少します。日本の資産量は、ユーロ圏に近づきます。

これが「経済パワーゲーム」を科学的に分析して、危機を打ち破る複眼思考法の一例です。株価暴落によって、日本もかなりの被害を受けますが、他国よりも損失が大幅に少ないので、「日本の相対的な打開策」を導けます。これにとどまらず、ありとあらゆる方法を検討すれば、従来路線のみの単眼思考では不可能な、意外な方策をもたらせる可能性があるわけです。

この状況下では、アメリカがもっとも危機的ですから、アメリカは株価対策を必死に行うはずです。だったら任せておけばよい、というのが日本側の非常にドライな対処法にもなりえます。従来の日本政府は株価対策が年中行事でしたが、すでに指摘したように、大部分は欧米を利するのみです。日本人にとってはほぼカラ振りに近い政策だったのです。

想像上の話だけなら、日本は他国に先んじて株を売り、かつカラ売り（株価が下がると利益を得られる投資手法）によって、欧米の株式を売りたたくことでしょう。経済パワーゲームにおいては、「他国の損失は、自国の利益」という傾向が色濃いからです。ただし、日本側の身を切る打開策でもあるため、日本政府はそこまでしないでしょうが。

円暴落と国債破綻は目前に迫るか

ただ、いったん暴落が始まった際、欧米側の対処策は、この極端なドライさとかなり似通ったものとなるかもしれません。近年の経済上の大事件には、その実例が多かったと推量せざるをえませんので、十二分に警戒しておく必要があるかと思います。

かつてアメリカ連邦準備制度理事会（FRB）のアラン・グリーンスパン議長は、「根拠なき熱狂か」と株価高騰に警鐘を鳴らしたことがありました。1996年末のことでした。FRBとはアメリカの中央銀行にあたる組織です。

その数ヵ月後、「アジア通貨危機」が勃発し、アジア諸国が巨額の損失をこうむりました。経済が順調に成長していたはずの韓国までが巻き込まれ、海外のヘッジファンド勢によって売りたたかれた後、韓国企業が買い漁られたのです。サムスン電子でさえ、外国人持ち株比率が過半にまで上昇しました。

そして、最大の被害国は、ロシアだったにちがいありません。かつて二大超大国の東側を占めたロシア（旧ソ連）は、通貨ルーブルのデノミ（通貨単位の切り下げ）を実施して、その価値を１０００分の１に減じねばならない大暴落に見舞われました。ロシア国債もまたデフォルト（債務不履行）に追い込まれて破綻しました。

そんな大激動にもかかわらず、アメリカ経済は順調に発展し続けました。被害国の惨禍との因果関係は特定しきれませんが、アメリカの金融資本は巨額の利益を上げたもようです。その後の曲折があっても、アメリカの株価はさらに高騰し続けました。

１９９８年のこの「ロシア危機」を教訓にすると、先ほどの想像図で、日本側の苦肉の策を欧米が覆す対抗策は、「円暴落（超円安）」と「日本国債破綻」ということがありえます。危機的な株高の大反動が目前に迫ってくるほど、そんな可能性に注意しなければならないのです。

円がほとんど無価値まで下落して、日本の個人金融資産はほぼゼロ同然です。欧米勢は日本を売りたたき、暴落させた後に日本企業や不動産を買い込みます。他国は株価暴落の損失を、日本売りでいくばくか埋め合わせる、という未来です。単なる警告ということにしておきますが……。

詭弁がしばしば多数意見と化す社会

この章では、2013年以降の「株高政策」を素材にして、「科学的で大胆な経済思考法」のほんの一例をお示ししてみました。後の章では、日本の「過剰な公共事業」という問題にも、アメリカの大きな影が投影されていることがわかると思います。過剰な公共事業を遂行し続けた結果、日本経済が抜き差しならぬ状態へと追いやられたことを理解していただけるでしょう。

日本人の一人として、国民目線で見ていると、日本政府は欠陥に満ちた経済政策を採用しがちかと危惧せざるをえません。その主因の一つは、政府や社会が「詭弁が多数意見となりやすい」状態と化してしまったからだ、というのが本書のおもな立場です。

しかも、詭弁が多数意見となりやすいのは、それこそが詭弁の特性でもあり、経済政策での悪しき役割でもあるからです。経済効果がきわめて高いなど、ありもしない話ほど、説得力をもって希望を膨らまさせるのです。地元への「利益誘導」に効果的ですから、支持者をますます増やす傾向が顕著になります。

また、日常の金融情報系メディアでも、「マイナス金利でも円高」など、常識と逆の見通しを発信し続けます。全員一致の予想だけでは、反対売買が消え失せ、市場が成り立ちません。素人投資家と逆の値動きをわざと仕掛けては、肩すかしを食わせる詭弁だと推測されます。

その根底にある「限定合理性」という概念は、「付録」で解説させていただきます。だまされやすさ、間違えやすさ、あるいは「ポピュリズム（大衆迎合）政治」などへの、科学的な見方の基礎をおわかりいただければと存じます。

経済や政治が制度疲労状態に陥った時代には、とんでもない為政者が選ばれたり、異様な新興政党に政策を委ねたりしかねません。何が正しいかが見失われてしまうのです。世の中が分断され、経済がまるで狂乱したかの状態に追い込まれます。そして、やがて悲劇的な経済パニックに襲われるのです。

イギリスのオックスフォード大学出版局は、オンライン辞書の検索回数に基づいて、２０１６年の「今年の言葉」として「ポスト真実（真実以降）」を選びました。同時期にアメリカのウェブスター辞書の検索1位は「ファシズム」でした。世界では、そんな危機的認識が広まっていることにご注意ください。

この章は例題的な問題で導入を行いましたが、次章以降では本格的な問題を扱います。特に公共事業で膨大な〝負の遺産〟を生み出し続ける「財政政策」や、マイナス金利にまで至った異常な「金融政策」が中心的な課題です。まず次章で、「おカネ」に対する正しい見方をご説明しましょう。科学の視点では常識的なはずなのに、経済学では意外にも語られてこなかった考え方だからです。

第2章

利息がつけば、通貨量は増えるのか

――日銀は通貨を異様に膨張させた

経済の基本中の基本に立ち戻る

おカネが〝魔物〟だというのは、皆さんが実感しているとおりだと思います。国家をも暴走させます。実は科学的に考える際にも、おカネの問題には詭弁や間違いが非常に紛れ込みやすいのです。ケインズでさえ、その本質を理解していなかったことは次章で述べるとして、まずこの章では、その基本中の基本を考えてみたいと思います。もっとも基本の考え方を理解していないと、経済分野の詭弁や誤解などに、たやすくだまされる可能性があるからです。

あらかじめお断りしておきますと、この章でまず述べるのは、非常に地味でまっとうな考え方です。つまり正気の経済学だということです。しかし章末では、狂気といえるほどの異常データ――現実に日銀が行っている金融政策によるもの――をお示しします。後の章で述べる「公共事業の大問題」や「国民を犠牲にする経済」といった難題を、より明快かつ科学的に理解していただくために、この正気の経済学は必須の考え方です。

科学分野で数理的方法を十分に理解している人は、次の問題の解答を一瞬で見破るかもしれません。後の章では、科学的には常識同然でありながら、経済分野で驚くような考え方がいろいろ出てきますが、まずもっとも地味なところから足元を固めます。

問　銀行預金には利息がつくから、世の中の通貨量はどんどん増え続けている？

皆さんはこの問題にどう答えるでしょうか。自分の預金通帳では、近年、微々たる額になったとはいえ、利息が増え続けているでしょう。ですから、「増える」と答えるでしょうか……。

そもそもこれは経済学上のごく基本的な問題で、経済人なら知っていて当然のはずです。しかし、どの経済書も避けて通っているようで、私は明快な解答を見たことがありません。世の中全体の通貨量となると、ややこしすぎて考えきれないのでしょうか。サムエルソンの『経済学』にも、スティグリッツの『マクロ経済学』にも書いてありません。いずれもノーベル経済学賞の受賞者による代表的な教科書ですが……。

経済学の基本に立ち戻るという点では、まずこのおカネに関する根本問題に答えておかねばなりません。おカネが対象ですから、数理的な問題のはずです。ところがノーベル賞を受賞した学者の書で、単に〝お話〟レベルの記述しかないと、科学分野の人間はがっかりさせられるのです。

ここで尋ねているのは、「マネタリーベース」と呼んでいるような、「中央銀行の通貨供給量」に関する問題です。

以下では厳密さを少しだけ犠牲にしますが、世の中に存在している〝実物〟としてのおカネの総量を指します。「ベースマネー」と呼ぶこともあります。また現物ゆえに強力なおカネだという意味で、俗に「ハイパワードマネー」と呼んだりもします。制度上は、その一部を市中の金融機関が中央銀行に預けています。

全体が部分の総和であるおカネ

この問題を解説するとき、読者の皆さんが文系で経済に興味をもっている方々の場合、表現を少々工夫しておいたほうがよさそうです。理系の方向けの本で当たり前の表現では、やや敷居が高すぎたりするからです。

皆さんは、「全体は部分の総和ではない」という表現を聞かれたことがあるでしょう。かなり昔からある表現です。ケインズの主著にも出てきます。もうひと世代ほど古い社会学者デュルケームなども書いています。「全体論《ホーリズム》」といった立場の主張であって、たとえば生命体は単に物質の寄せ集めではないはずですから、全体論の代表的な対象です。

では、それに対する「全体は部分の総和である」という場合を理解できているでしょうか。全体論を論じる人は、哲学的な見方をとったり、あるいは反科学という立場も多いので、実は理解していない人がかなり多そうなのです。

「全体が部分の総和である」場合とは、「総和」という言葉があるように、やさしくいえば「足し算ワールド」を意味します。科学系の数理を扱える人は、「線形」と呼びます。しかし線形でない場合を非線形といって、非常に複雑な現象が起こることがあります。線形の場合はとても単純で、いわば〝単純系〟なのです。

実物としてのおカネ、つまりベースマネーは、この「足し算ワールド」に属します。1円と1円を足せば2円という世界です。何円であろうと、それを何度も足そうと、単に足し算の世界でしかありません。引き算も、負の値を足すというだけで、この足し算ワールドの計算法の一部です。

あまりにも直感的な表現を用いるなら、「足し算しても、性質が変わらない」という世界が「線形」です。たとえば、借金の利率が、融資額によってもいっさい変わらないなら、そんな利息の世界は線形です。1万円を借りた分の利息と、10万円を借りた分の利息を、単に足し合わせれば、11万円を借りた際の利息を計算できます。

ただ、数理分野で線形という場合、実は概念はもっと高度です。「足し算」の概念自体がどんどん拡張されていきます。何次元かのベクトル同士の足し算などです。「写像」という言葉や、「微分方程式」などという言葉が出てくれば、ほとんどの皆さんは不安を感じられるでしょう。もちろんこの本ではそんな概念は必要としません。

この足し算ワールドでもっとも重要な性質は、「部分で成り立つ性質は、全体の総和でも成り立つ」というものです。だから「全体は部分の総和である」ということになるのです。

利息がついても、通貨量は増えない?

とにもかくにも、中央銀行は通貨を追加発行しない、国外との貿易もない、という試験管の中での問題だとしておきましょう。ひとまずごく単純な設定を行うのは、科学分野の思考法の特徴だからです。

付帯条件を2つもつけましたので、「どうも増えないらしい」と推測する方が多いでしょう。もし皆さんが経済通っぽい人の理解度を試してみたい際は、「預金に利息がつくなら、ベースマネーは増えますか？」とだけ尋ねて、付帯条件はなるべく隠すほうがよいでしょう。それにしても、利息がついても、通貨量は増えないのでしょうか。そんなはずはない、常識に合わない、というのが大方の見方ではないでしょうか。

ごくごく小さな国が、試験管内にあるとしましょう。ここでは本物の試験管を用いるわけではありません。科学系で「思考実験」とか、ドイツ語由来で「ゲダンケン・エクスペリメント」と呼んでいる方法です。

中央銀行が発行した通貨が、この国には１０００円あったとしましょう。とりあえずその全額をＡが保有していました。Ａ銀行だということにしておきます。するとＢがその全額を借りました。もちろん一部でもいいのですが、年利５パーセントという条件でした。このとき、ＡからＢへ１０００円が移動しただけで、世の中全体の通貨量に変化はありません。

Ｂは１０００円の融資をさっそく設備投資に使います。Ｃから設備を購入したら、９００円でした。９００円がＣへと移動しますが、移動だけですから、世の中の通貨量に変化はありません。そしてＣは、そのおカネのうち８００円をＡ銀行に預金、利率３パーセントという条件でした。ここでまだ通貨量全体の変化はありません。

表2－1　試験管内の国でおカネの移動を追ってみる

出来事	A銀行	B	C	全体の通貨量
最初の状態	1000	0	0	1000
AがBに融資	0	1000	0	1000
BがCから購入	0	100	900	1000
CがAに預金	800	100	100	1000
CがBから購入	800	200	0	1000
BがAに利払い	850	150	0	1000
AがCに利払い	826	150	24	1000
……	…	…	…	……

著者作成

試験管内の極小レベルの国の話ですが、辛抱強い方でないと、もうすっかりややこしくなっているでしょう。ですから表2－1を用意しておきました。こちらをご覧ください。

さて、Bは生産を開始しますが、あまりにも小さな国ですから、製品をCにでも売ることにしましょう。さっそく100円で売りました。CはBへと支払いますが、やはり世の中の通貨量全体に変化はありません。

やがて1年後、利息の支払い日がやってきました。BはA銀行に5パーセント分の利息50円を支払います。これも単にBからAへおカネが移動しただけです。A銀行もCに利息3パーセント分を支払いますが、これも単に24円の移動でした。

表を見ていただくとおわかりでしょう。おカネは単純に移動を繰り返しているだけであって、世の中の通貨量は常に不変です。ベースマネーの正体は実はそんなものなのです。たとえ利息がついたとしても、それは移動の一種であるというだけです。

おカネは本来、経済の補助手段である

なにやら経済に対する常識に反しそうですから、理解するにも消化不良を起こしてしまうかもしれません。しかしこれが真実です。経済の世界で生産量がどんどん増えていくとか、経済が拡大するというのは、このベースマネーとは別の概念なのです。

ベースマネーは、あくまでも単純な「足し算ワールド」です。ですから、このようなおカネの移動が無数に足し合わされていっても、「通貨量は、おカネの移動によって変化しない」という性質が成り立ち続けるのです。

破産者が出たという特殊なケースは、応用問題の一種です。その人が破産以前に支出したおカネは、誰かのところに移動しているだけです。その後、破産者は債務を支払えませんが、債権者も取り立てができず、損害として記帳せざるをえないにしても、ベースマネー自体は変化しません。

やや踏み込んでいいますと、「おカネは経済の補助手段にすぎない」と考えていただく

のがよいでしょう。取引を円滑にするためには、おカネという補助手段を介したほうがずっと便利だというわけなのです。おカネなど存在しなくて、物々交換だけで取引する経済を想定しているわけではありません。そんな取引はかなり面倒だったり不便だからです。

しかもおカネという補助手段があれば、蓄財もできます。商品の価値の比較もできるようになります。政府が税金を課したい場合、おカネの取引記録だけで課税額を決定できます。一方、物々交換への課税は難しくて、もし皆さんが物々交換だけを利用するなら、所得税も消費税も払わなくてすむでしょう。

取引などの補助手段として、おカネは世の中を行き来しているだけです。日常の経済活動に支障のない量のおカネさえ流通していれば十分です。また、世の中で取引されているモノやサービスの取引量が増えたなら、それはまさに経済成長ですが、ベースマネーがどれほど増えようと、それは経済成長といっさい無関係です。

実は現実の社会では、放っておくと、ベースマネーは徐々に減る宿命にあります。焼失したりするからです。他方、偽札がばらまかれて、本物と寸分の見分けもつかなければ、増えてしまいますが、その可能性は非常に低いことにしておきます。

それ以外の増減要因は、輸出入と、中央銀行による金融調節です。輸出決済によって、国外から通貨が流入して、通貨が増えます。輸入決済によって、通貨は国外へ流出します。思考実験の場合は、試験管の外との取引ということですが、その際の為替メカニズムはここでは省略します。すべての国の通貨が金貨であるなら、その目方で量ればいいだけですから、考え方は簡単でしょう。

一方、中央銀行は、世の中の取引で必要とする通貨の流通量を予想しつつ、発行量を調節します。しかし、ただ輪転機を回せばよいのではありません。市中から公債などを買い取って、その代価として通貨を発行します。つまり、世の中を流通している通貨は、日銀がその価値に相当する「担保」をかならず保有しているはずだ、という仕組みになっているのです。それが深刻な問題を発生させる温床になりうることは、後で述べたいと思います。

それでもおカネは信用創造で増える

しかしながら、おカネには多様な側面があります。経済社会において、おカネは「考えるのがもっとも難しい対象」だといってよいでしょう。

ベースマネーは市中では増えないというのが基本ですが、別の意味でおカネは市中でどんどん増えるのです。「信用創造」という仕組みによってです。

これは経済学を勉強した方にはおなじみの概念でしょう。他方、理系の皆さんは、エネルギー保存則や物質保存則などに安心感を抱く傾向が強いでしょうから、その仕組みを疑い深い目で見てしまうかもしれません。

先ほどの試験管内の話に戻ると、A銀行からBがおカネを借りました。そのおカネをBがCに支払います。Cは受け取ったおカネをA銀行に即座に預金するとします（通常はBがCの口座に直接振り込むので、その手間さえ省きますが）。

すると、A銀行は、Cの口座のおカネを、今度は誰か（D）にまた貸し出してしまうのです。預かっているおカネに、利息を支払う必要があるため、その預金を運用しなければならないからです。

結果的に、Bに貸したおカネが、またDにも貸し出されます。そしてDがそのおカネをEに支払うと、それがまたもA銀行に振り込まれて、銀行はそれをさらにFに貸し出してと、どんどん多重融資が進行します。

信用創造という概念を知らない方は、Cの口座のおカネを銀行が勝手に貸し出すことを、まるで犯罪同然のように思われるでしょう。しかしCの預金通帳には、預金額が記帳されたままです。Cが引き出したくなれば、その全額を引き出せるのです。1円たりと減っていません。

多重に融資して、多重に預金として返ってきても、それでも特に問題が起こらないのは、通常、同時に引き出される預金額は、預金総額のごく一部でしかないからです。銀行は預金の引き出しに備えた準備金を常に保有しています。多数の人々が出金に殺到するような「取りつけ騒ぎ」さえ起こらなければ、破綻しない仕組みなのです。

この仕組みを「信用創造」とわかりにくく呼ぶのですが、英語では「マネークリエーション（通貨創造）」という表現も用います。経済の金融面において、もっとも重要な仕組みであり、かつての発明だといってよいでしょう。

信用創造という仕組みがありますので、皆さんが融資を受ける際、無謀な金利は要求されません。何人もの人々から、薄めて金利を取っているも同然だからです。それとともに、金融業を非常にうまみのある業界にしているともいえます。若者がこの仕組みを知ってしまうと、金融業界に就職したくなるかもしれません。

表2－2　わが国のある日の通貨供給量

マネタリーベース（元の通貨量）	400兆円	
マネーストック（市中で膨張後）		
Ｍ１	666兆円	
Ｍ２	942兆円	
Ｍ３	1263兆円	（これが代表的な値）
広義流動性	1653兆円	

（出典）日本銀行の公表データ（2016年）による

おカネのコピーが生み出すマネーストック

おカネは経済における〝魔物〟であるという側面が、このいわば〝錬金術〟めいた仕組みの中に垣間見えるかもしれません。モノを扱っている経済とは異なって、記号あるいは情報をコピーするのと同様に、おカネにはどんどん増殖する側面があるのです。

もともとの通貨供給量を「マネタリーベース」と呼んでいるわけですが、市中の金融機関で膨張させた分は、近年は「マネーストック」と呼んでいます。「通貨残高」といった意味合いです。以前は「マネーサプライ」という名称が親しまれていました。

単なる参考程度ですが、わが国のある日の通貨供給量のおおよそを表2－2に示しておきましょう。本書を執筆している時点のデータにすぎません。最新のデータは、日銀が毎月発表していて、容易に見ることができます。

この表のうち、「M3」と日銀が呼んでいるものが、マネーストックの代表的な値です。市中で膨張した通貨量の代表的なものです。この表の場合、元の通貨量の3倍程度になっています。信用創造によって、マネタリーベースがその程度に増えたということです。

マネーストックは4種類もの値が発表されているわけですが、基本的に「現金＋預金」だと考えていただいて結構です。定期預金を含むか、ゆうちょ銀行を含むか、債券などまで含むかなど、日銀が定義していますが、時代とともに変わることがあります。

おカネは魔物で、制御不能にもなる

ところで日銀は、おカネの発行は自由だといわんばかりに、近年はマネタリーベースを急膨張させてきました。その暴走ぶりが図2－1のグラフです。金融問題の専門家が大変な胸騒ぎを感じるほどの変化です。マネタリーベースを極端に増やすと、激しいインフレが起こりやすくなる、と一般に考えられているからです。

本来のマネタリーベースは100兆円も必要なく、その程度で経済を十分に回せるはずです。1990年の国内総生産（GDP）は「450兆円」弱でしたが、年初のマネタリーベースは、「39兆円」台にすぎませんでした。ところが、GDPが「500兆円」程度

図2－1　マネタリーベースの推移（1990年１月〜2016年８月）

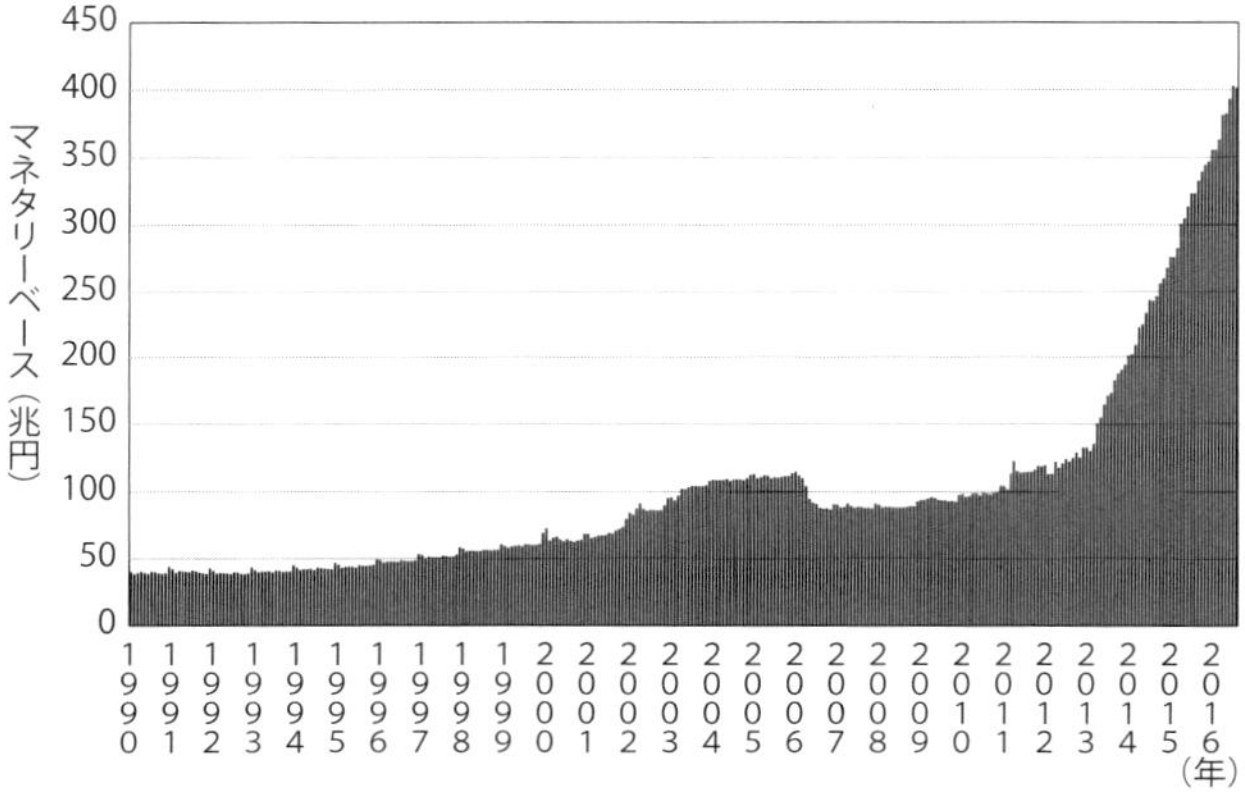

（出典）日本銀行の公表データをもとに作成

にしか増えていない近年、なぜ39兆円の「10倍」以上ものマネタリーベースを必要とするのでしょうか。

いわゆる「異次元金融緩和」がこんな状態にしてしまったわけです。これは２０１３年４月から始まりました。ベースマネーは市中で増えないという話で始めた章でしたが、日銀がこんなに激増させてしまっているのです。

おカネの経済にはいろいろな側面があって、思いがけぬ扱いが許容されたりもします。エネルギー保存則のような扱いだけなら、安心感がありますが、そうとはかぎらないから〝魔物〟なのです。最悪の場合には、制御不能になって大暴走もします。歴史上の実例を、後の章でいろいろご覧になるでしょう。現代の経済学のうち、おカネは詭弁がもっとも入り込みやすく、暴走を招いてしまいやすい領域なのです。

近年のマネタリーベースの急増も、おもに国債という「国の借金」を、日銀がどんどん買い取り、それを現金として世の中に提供しているわけです。「借金だらけで、それを返すのに困っている国ほど、マネタリーベースを増やせる」という、まさに奇妙きわまる実例になっているということです。

国債の借金はすでに国が使ってしまったはずで、公共事業費などとしてとっくに支払われたものです。それが再度、マネタリーベースの増加として現金化されました。「二重に現金を配っている」ようなものだということです。後世の経済学者たちは、このまさに狂乱状態をいったいどれほど批判するでしょうか。

そんなわけで、おカネの経済に関する詭弁と暴走という問題は、どうしようもないほど危険な色彩を帯びているのかもしれません。経済社会を襲うパニックを警告するために、この章は、まず「科学的な視点で、足元を固めなければならない」という方針をとりました。マネタリーベースの原理を知ったからこそ、このグラフの異常さを嗅ぎ取っていただけるのではないでしょうか。

次章では、「穴を掘って埋め戻す公共事業」という本格的な問題を扱います。足し算ワールドをケインズが理解していなかったのだろうという話です。

第3章　穴を掘って埋め戻す公共事業は、ほんとうに有効か

――投資乗数が1を割ったケインズ経済

大恐慌時代の傑物学者ケインズ

ジョン・メイナード・ケインズは、20世紀を代表する経済学者です。経済学の始祖とみなされるアダム・スミスと並ぶほど有名です。アダム・スミスは「自由放任」型の経済を提唱しましたが、ケインズは『自由放任の終わり』という論考も出版していて、「国が公共事業で積極的に関与せよ」という立場でした。2人ともイギリス人です。

ケインズは、第一次世界大戦、世界大恐慌、第二次世界大戦という激動の時代とともにありました。20世紀前半を駆け抜け、戦後、1946年に持病の心臓発作で他界しました。享年62でした。

大恐慌を乗り切るための「公共事業」による経済対策が、彼の代表的な理論です。現在の日本政府の政策も、彼の理論に大きく依存し続けているのです。

ケインズは経済学者としては、図抜けた傑物であったようです。大蔵省にも勤めましたが、第一次世界大戦後のパリ講和会議には、30代半ばで大蔵省首席代表として出席しました。後年には上院議員にもなりますし、第二次世界大戦後の金融制度を検討するブレトンウッズ会議でも、もちろんイギリス首席代表を務めました。

私生活では株式投資にものめり込んでいたそうです。破産しかけたりするなど曲折がありましたが、第二次世界大戦直前には50万ポンド以上の財を成していたといわれます。自身が経済政策の中枢にいたのですから、投資で成功して当然ですが、大変な額です。当時のイギリスの1人当たりGDPは110ポンド程度でしたから、そのざっと5000年分に相当した金額でした。

「株式投資は、美人コンテストのようなものだ」との言葉も有名です。ロシアのバレエ界の美人プリマドンナと結婚して、世間を驚かせもしました。イギリス人は日本人と同様にゴシップ好きで、2人についてはいろいろなウワサが伝えられていますが、それはここでは省略します。

ロシア革命後、欧米は新興のソビエト社会主義共和国連邦（ソ連）を目の敵にしていました。西側までがすべて共産主義化するのではないかと極度に恐れたのです。そんな時代に、ロシア人と結婚するとは、常識では考えがたいことでした。しかし、「ソ連とのパイプをもつ人物」として、ますます重用されるという意外な読みでもあったのでしょうか。

まさに傑物中の傑物学者だったわけです。その他、保険会社社長、中央銀行であるイングランド銀行理事、男爵位など、彼の生涯はさまざまな肩書きに彩られました。

穴を掘っても、投資乗数で景気が良くなる

ケインズの主著は『雇用、利子および貨幣の一般理論』です。単に『一般理論』と略されることが多い本です。読みにくい文章で長々と書かれ、チェックしきれないような大量の文献引用があります。学者はそのようにして、自身の理論を論争から守ろうとします。以下の議論では、岩波文庫版の『一般理論』(間宮陽介訳、2008年刊)を参照していますが、読みにくい本ですから、ここでは表現を嚙み砕いたものに変えています。日本の伝統的な経済用語もまた、誤解がないだろう範囲で、他分野の方でもわかりやすい表現に言い直すか、説明を加えました。蛇足ですが、「美人コンテスト説」は単なる伝説ではなく、上巻の215ページに明記されています。

この主著は、机上での「思考実験」の書です。社会全体の経済を考えるマクロ経済学という立場の場合、すべての実データを集めることは困難ですし、実社会での実験によって確固として立証することもできません。いわば彼の頭の中の試験管で展開された理論です。

理論武装のための最大の武器は、「投資乗数」という考え方でした。彼の本にこの表現が出てきますが、たいていは「乗数」と略しています。経済分野以外の方は、何の乗数か

わからないでしょうから、投資乗数という意味だとお断りしておきます。

どんな考え方かというと、景気を活性化するために、政府が公債を発行して、１００億円の公共事業を行ったとしましょう。すると、その分がまずＧＤＰに上乗せされます。ところがそれにとどまりません。消費がイモヅル式に連鎖して、需要が創出されます。ここが「穴を掘っても、景気が良くなる」という理論で最大のトリックです。

表３－１　公共事業が生み出す消費の連鎖

段階	消費額（億円）
第１段階	100
第２段階	90
第３段階	81
第４段階	72.9
第５段階	65.61
……	……
合計	1000億円

政府から所得を得た人々や企業は、第2段階の消費を行います。「消費性向」という値を仮定します。所得のうち、9割を消費するといった値です。つまり第2段階の消費として、元の１００億円の9割である90億円が、ＧＤＰに付け加えられるのです。さらに第3段階として、その90億円の9割である81億円が消費されます。そして、そんな連鎖がどんどん続くというのです。

経済学の教科書でもこの計算を行っているでしょう。表３－１に示すような合計が求められます。無限級数の和といって、高校レベルのやさしい数学問題ですが、わからない方は電卓をたたき続けてみてください。合計は徐々に1000億円に近づいていくはずです。

この簡易な例の場合、公共事業の乗数は10です。100億円の事業で、その10倍である1000億円の消費が生み出されたとの考えです。

ケインズ自身も言い訳した公共事業論

穴を掘って埋め戻したとしても、この「乗数効果」によって景気が良くなります。たとえ、ほとんど無意味な公共事業であったとしても、支出されたおカネが、その先で民間をどんどん回り続けて、景気を大きく活性化するというわけです。

経済学者はこの「乗数理論」を知っていますから、公共事業政策には、なかなか反論しにくくなります。政府は100億円を出しただけだが、その先で建設業者などなどがさらに経済を活性化して、上乗せ分が900億円にもなったりするので、政府のムダ遣いを止めたら、その先の消費まですべて止まってしまうと考えるからです。

もしそれに反論したいなら、「誰それいわく」を好む論者なら、ケインズ自身の言に基づけばよいでしょう。彼の『一般理論』をまともに読んだ人はかなり少ないと思いますが、彼自身の言い訳を引用するという方法がありえます。

「穴を掘って埋め戻す」論は、『一般理論』に2度出てくるといわれます。岩波文庫版を読んでいると、まず上巻の179ページには、「何もしないよりまし」という文脈で出てきます。また上巻308ページでも有効性を述べていますが、ここでは否定的な表現が加味されて、「分別ある社会で続けるほどではない」としています。

そんなわけで、ケインズ自身が「分別ある社会なら、やるはずがない」と否定的な見解を明記している、という反論が可能なわけです。これは彼自身があらかじめ張っておいた予防線だったのでしょう。論争でこの問題を追及された際に備えて、反論のために用意した文章であろうと推測されます。

ところが、いったん穴掘り論を書いてしまうと、その悪影響が残り続けます。エコノミストや経済学者といった肩書きの人々が、いまだに「ケインズいわく」と怪しい公共事業論を展開するのです。

では、なぜ穴掘り論を入れたかというと、うがった見方をすれば、彼自身が政府側に属する人物だったからでしょう。

どんな公共事業でも許容できるとなると、政治家も官僚も、それを受注する経済界も非常に喜びます。ほとんど無意味な事業まで併せ呑む姿勢を見せたからこそ、彼はイギリスの政官財界で重要人物としていい続けられたことになったのでしょう。

つまり、これはケインズが『一般理論』に仕掛けた特別なトリックであった可能性があるわけです。もしそうだったなら、きわめて高度な詭弁術でしょう。『一般理論』にはそれ以外にも、いろいろなトリックや詭弁めいた内容が仕掛けられていることを後述しましょう。

乗数理論は足し算ワールドに属する

しかし、前章のマネタリーベースと同様に、乗数理論は「足し算ワールド」に属することを、数学が得意な方はとっくに見破ったことでしょう。つまり「線形」なのです。ケインズ自身はそれを理解していなかったと思われます。

乗数理論は無限級数だから、掛け算の理論だと考えてはいけません。線形というのは、「足し算前の計算法が、足し算後も使える」という意味です。数学が苦手な方は、もう頭が混乱しているでしょう。

100億円の公共事業が、乗数効果によって1000億円の効果を生み出すとします。

では、さらに１００億円の事業を追加すれば、さらに１０００億円の効果が上乗せされるでしょう。元の資金を2倍したら、その結果もちょうど2倍です。そんな場合に線形というのです。

数学が苦手な方は、「事業費を2倍にすれば、効果も2倍」という理解だけで結構です。投資乗数が一定値のままなら、そんな性質が成り立ちます。それが線形数学です。

では、２００億円の事業で、２０００億円の効果が出るわけですが、事業費を半減したらどうでしょうか。あまりにも簡単な計算ですが、事業費が１００億円に減り、効果も１０００億円に縮むだけです。皆さんの常識どおり、「足し算ワールド」では、引き算もまた真なりということです。

ところが、ケインズの理論は「景気対策は、公債発行によって、公共事業を行え」というものでした。公債は借金ですから、やがて返済しなければなりません。つまり、公共事業の引き算を行わねばならないのです。

数理の訓練を受けた方は、すぐに気づくことでしょう。投資乗数など、すべての条件を一定とした試験管内では、借金を全額返済し終わったとき、公共事業の効果はすべてゼロに戻ると――。たとえ借金を小刻みに返済するなどの方法を用いたとしても、公共事業の乗数効果分は、やがてすべて巻き戻されてしまうのです。

つまり、長い期間にわたって考えると、ケインズの公共事業理論は「効果ゼロ」の理論にすぎないということです。「足し算ワールド」つまり「線形モデル」だとわかってさえいれば、全体の帳尻合わせを即座に見渡せます。ところが、ケインズは科学系でごく当たり前に普及している数学を知らなかったのか、それができませんでした。あるいは、ケインズ理論を支持し続ける人々も、このごく手軽な数学理論に精通していないのでしょう。

ケインズは利率やインフレ率を導入していない

より厳密に扱うなら、試験管内の経済モデルをもっと詳細にしなければなりません。たとえば「公債の利率」を考えたり、「インフレ率」を導入したりなどです。

先ほどのモデルでは、公債の発行は「利払い」というコストを考慮していませんでした。ゼロ金利の公債を発行し続けて、公共事業を行っても、長期の景気刺激には「効果ゼロ」だという結論になりました。

ですから、公債の利払いが必要な場合は、政府側としては、利払いの分だけ、効果がゼロからマイナスになるということです。公共事業は「効果マイナス」という結論になります。一方、マイナス金利の公債を発行した場合には、利息収入の分だけ「効果プラス」です。

ただし、ややこしいことをいえば、数学者は利払いの乗数効果、そのための徴税によるマイナス効果を合算します。足し算ワールドにすぎませんので、「効果ゼロ」が導かれます。さらなる副次的影響も考慮できますが、足し算ワールドゆえに結局は相殺されます。多くの皆さんはそこまで考えきれないことでしょう。

ケインズの『一般理論』は、このように長期間を見渡したり、付帯要因を考慮した論理展開を行えませんでした。そこに理論上の難点がありました。しかも、「インフレ率」というトリックも導入しませんでした。

継続的なインフレという状況を仮定に入れると、公共事業は「効果プラス」になりえます。公債を返済せねばならない時期に、インフレによって物価が2倍になっていたとしましょう。返済すべき債務の実質額が半分になってしまうわけです。結果的にその差額がプラスとして貢献します。足し算ワールドだという設定が崩れるのです。借金まみれの政府は、とりわけインフレを好みます。

あるいは将来的に「投資乗数」が小さくなっていく場合、公共事業は効果プラスになりえます。ただし、国が借金をしたことによって、民間で投資や消費に回るおカネが減少するとして計算すると、事業効果が無効になります。仮定の置き方によって複雑化します。

しかしながら、ケインズがそんな試算を省略したのは、別の信念に基づいていたとも推認できるでしょう。すなわち、「公共事業による上げ底景気を、いつまでも続ける」ことなど夢にも考えていなかったのではないか、ということです。そちらのほうこそ重要です。

世界大恐慌への有効な対処策として提出された理論でした。景気がひどく落ち込んだ際には、経済対策として公共事業予算を大幅に増額します。しかし好況時には、速やかに事業予算を縮小して、「景気の変化をなだらかにする」というのが真の意図だったとみなされるのです。

もしそうなら、「上げ底景気を続ける」という経済政策は、本来のケインズ理論に大きく反していることになります。しかも、上げ底景気のために、「穴を掘って埋め戻す」ごとき事業ばかり増やしているなら、『一般理論』は「分別ある政府ではない」と述べているので、まさに批判の書だとも解釈できるわけです。

公共事業の投資乗数は1を割った

ケインズの『一般理論』は、大著だとはいえ、初期の試論でした。ですから、いろいろな難点がありました。

たとえば、「消費性向」だけで投資乗数が決まります。最初に誰が消費しようと、結果的に乗数効果は同じです。つまり「公共事業」に頼らずに、「減税」を行って消費を喚起しても、まったく同じ乗数効果を得られる理論にすぎませんでした。きわめて難解な文章で、公共事業論だと見せかけたため、公共事業の拡大こそ正しい、とほとんどの人が思い込んでしまっただけでした。

また投資乗数は、何に投資するかによって、大きく変わって当然です。国家の大動脈となる幹線道路に投資するか、誰も利用しないような道路に投資するかによって、経済効果は極端なまでに変わります。投資乗数が1を割るどころか、マイナスになってしまう場合さえあるわけです。

現在、投資乗数は「マクロ経済モデル」によって計算されています。しかし、どんなモデルを採用するかによって、値が大きく変わるのです。行政府で計算を担当している人々は、それをはっきり認めています。

内閣府の経済社会総合研究所のウェブサイトで、「乗数分析」のデータを調べることが

表3-2　わが国における政府投資の投資乗数効果

公表年	1年目	2年目	3年目	備考
1967	2.17	4.27	5.01	名目
1970	2.02	4.14	4.51	名目
1974	2.27	4.77	4.42	名目
1976	1.85	3.34	—	名目
1977	1.34	2.32	2.77	名目
1981	1.27	2.25	2.72	名目
1985	1.47	2.25	2.72	名目
1977	1.81	3.29	3.66	実質
1980	1.50	1.57	1.25	実質
1989	1.18	1.50	1.56	実質
1996	1.30	1.45	1.24	実質
2001	1.12	1.31	1.10	実質
2004	1.13	1.11	0.91	実質
2008	1.00	1.10	0.94	実質
2015	1.14	1.02	0.97	実質

（出典）旧経済企画庁、内閣府経済社会総合研究所の公表データによる

できます。旧経済企画庁の公表データを含めて、収集できたデータの一部を、表３－２にまとめておきましょう。なお、毎年発表されるわけではありません。

高度成長期の１９６０年代には、物価上昇率を考えない名目値では、乗数効果が３年目には５を超えるほどになりました。１兆円の投資が５兆円以上の効果を生み出したのです。ところがその効果がやがて顕著に低下していきます。

２０００年代に入ると、ついに乗数効果が「１を割る」という推計結果が出てきます。実は２００４年の公表データからそうなっていて、その後、このあまりにも嘆かわしい状態が続いているのです。「投資額よりも、ＧＤＰの増加が少ない」というのが、１を割っ

た数値の意味です。

経済対策と称して、公共事業のための補正予算を組み続けても、予算額ほどの効果も出ていないのです。4年目以降にさらに1を超える、と政府は反論するでしょうが、ここまで下がってしまえば、「投資乗数は役割を終えた」と考えざるをえないでしょう。

ケインズは第4階級の利益を重視した

ケインズの『一般理論』に明記されていることや、その行間に潜む意味を読み取っていくと、いろいろな問題点に気づきます。従来からしきりに批判されてきた問題もあれば、そうでないものもあります。

たとえば、「貯蓄額＝投資額」という等式が出てきます。彼の経済モデルが粗すぎるため、この主張には疑問が投げかけられてきました。投資乗数は、貯蓄性向すなわち貯蓄率の逆数だという理論になるのですが、精密に考えるとこれも怪しいわけです。

あるいは、彼の経済思想はふつう「3階級」に立脚しているといわれます。しかし、その理論を読んでいると、「第4の階級」を強く意識していると思われるのです。通常、ケインズ理論の基礎的認識になっているのは、次の3階級です。

（1）投資家（金利生活者）階級
（2）企業家階級
（3）労働者階級

カール・マルクスの階級観が非常に有名で、資本家と労働者を対置します。その資本家を、投資家と企業家に二分したのが、ケインズの階級観だとされます。

イギリスの当時の政党でいいますと、投資家の味方が保守党、企業家を後押しするのが自由党、労働者のための労働党という、3大政党と対応がつきました。そしてケインズが上院議員として属したのは自由党でした。

つまりケインズの経済理論は、企業家階級の利益を重視する傾向が強かったのです。いわゆる中産階級です。この階層こそが、知性と努力で世の中を革新していくと考えました。

ケインズは、エリート主義が非常に強い学者でした。企業家に肩入れしていたのですが、よく考えると、もう一つの階級を暗に仮定していただろうと考えられます。それが次のものです。

（４）政策担当者階級

この指摘はあまりされてきませんでしたが、第４の階級は彼自身が属していたところです。政治家や官僚という人々が属していて、彼らが経済政策を立案して実施に移します。企業家に利益を提供するとともに、政策担当者が潤沢な予算を使えます。さまざまな形で彼らに有利になるのです。この第４階級の利益をもっとも重視したともいえるのが、ケインズの公共事業理論でありそうなのです。

ケインズが特に敵視していたのは、金利生活者階級でした。金利を高止まりさせようとして、金利が高くなければ、おカネを投資に回しません。おカネを退蔵するから、景気が悪くなると考えました。彼の「貯蓄額＝投資額」という等式と矛盾を起こしかねない見解ではあるのですが、この見方が公共事業重視政策の背後に横たわっているのです。

減税は景気を良くできないのか

つまり、公共事業を重視しつつ、金利を低くとどめて、金利生活者の生活を圧迫しようというのが、現在もケインズ的な政策である傾向が強いわけです。さらにインフレに誘導しつつ、国の借金を実質的に軽減していければ、政策担当者たちがムダ遣いをしほうだいにもなりえます。

あるいは、「貯蓄は美徳ではない」という考え方が、彼の机上の理論では帰結となりました。貯蓄率が小さいほど、投資乗数が大きくなって、公共事業がより効果的になるという理論になってしまったからです。「国民は貯蓄をするな」という妙な理論を形成しました。「貯蓄のパラドックス」と呼ばれます。

ただ、もしケインズの元の理論のままなら、公共事業ではなく、庶民におカネを配っても、同様の経済効果を発揮できるはずでした。しかし政策担当者たちは、現在もその道を封じたがります。「個人への所得減税は、投資乗数が小さい」というデータを出してくるのです。

日本政府が採用しているデータでは、個人所得を減税しても、その乗数効果は3年目に至っても、「0・45」（2015年版データ）にすぎないとしています。公共事業の乗数は1を割っているのですが、さらにその半分未満だとみなしています。1年目は「0・30」にすぎません。

それがなぜかというと、庶民におカネを配っても、預金してしまうからだという理由です。3年かかっても、庶民はその半分も消費してくれません。それに対して、公共事業なら、政府部門がかならず全額を使いきってしまいます。だから、公共事業のほうが、よほど景気対策として効果的だという考え方をとるのです。投資乗数はすでに役割を終えたというのに、異常なまでに「官製経済」を偏重する最大の原因になっています。

たとえ「貯蓄額＝投資額」が厳密には成り立たないとしても、民間の貯蓄は、民間の投資に回ります。前章で述べたように、信用創造というテコの効果がさらに効きます。政府による投資か、民間による投資かという検討など、まだまだ再考の余地がある問題だというのに、わねばならないでしょう。特に政府による投資は、借金財政に依存し続けているのですから。

国の借金によって正味の景気は悪化し続ける

拙著『21世紀の経済学』では、前述の問題を実データによって示しました。国の借金によってGDPが上げ底状態であるとして、借金分を差し引いた「正味GDP」を対象にして分析しました。結果のグラフ（図3－1）だけを示します。

図3-1　国の新規債務と正味名目成長率の関係

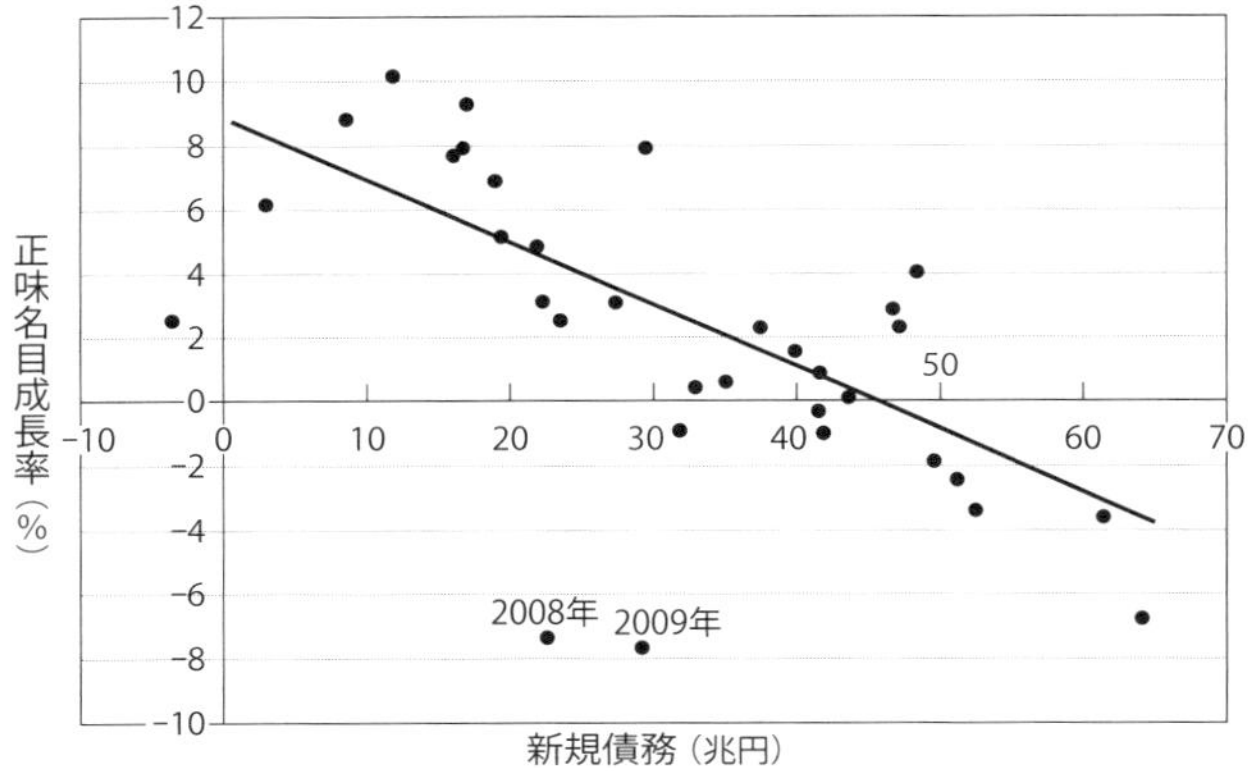

（出典）ＩＭＦの公表データをもとに作成

このグラフは、１９８０年代以降のデータを使っていて、横軸は一般政府（国と地方自治体などのこと）による毎年の新規債務額です。一方、縦軸は正味ＧＤＰの成長率で、名目ＧＤＰから求めた値を用いています。

驚くべきことですが、国が借金を増やすほど、正味ＧＤＰで見た経済成長率は低下する傾向が非常に顕著なのです。それは当然であって、公共事業の投資乗数が１前後にすぎないというデータとまさに一致しています。

国が借金を１兆円増やすと、正味ＧＤＰは０・１９４パーセント低下しますので、借金とほぼ同額が減っています。それが右肩下がりの線分です。相関係数はマイナス０・79に達しますので、強い相関があると判定されます。なお、リーマンショックの影響下にある2008年と2009年のデータだけが、極端に特殊な状況にあるため、その期間を計算から除外しました。

このグラフは、国の借金によって、正味の景気は悪化し続けているという事実を明確に示しています。詳しい分析については、拙著をご覧ください。まやかしの上げ底経済ですと、企業は投資に慎重で内部留保を積み上げますし、銀行も融資を渋りがちです。公共事業を増やしても、建設業界が人員を大幅に増やすわけではなく、民間向けの事業が遅れます。「クラウディングアウト」（満員超過）という現象などが起こるのです。

では国が借金を減らせば、景気が良くなることなどありうるのでしょうか。実際に小泉政権下では、新規国債を大幅に削減しました。その結果、正味GDPは2005年に7・29パーセント、2006年に6・17パーセントも成長したなどのデータがあるのです。

このグラフを見るだけでも、国が借金を重ねる経済対策は問題が多すぎるといえるでしょう。しかも借金で公共事業を行い続けると、その裏でさらに大きな問題が発生しているのです。ケインズ流の投資乗数という〝幻想〟に頼り続けた結果、わが国の財政状況がどれほど悲惨な状態に落ち込んだかを、次章ではさらに検討します。公共事業によって、国家予算の屋台骨が崩壊しつつあるという大問題です。

第4章　箱モノ予算はどれほど削減可能か

——年65兆円を浪費する負の遺産

巨額の負の遺産はどうして積み上がったか

日本がバブル崩壊後の不良債権に苦しんでいた頃、私は旧建設省の技術政策委員を務めていました。１９９０年代後半のことです。ご意見番というつもりで引き受けました。私は土木系ではなく、情報学が専門ですし、未来の文明がどう変わっていくか、といった立場で発言していました。この会議で負の遺産がどうして積み上がったかを、目の当たりにできました。

霞が関の会議に出席していても、一委員が関与できることはごくわずかです。議題と膨大な資料は、もともと事務局が用意しているものです。朝9時半からの会議に、京都から日帰り出張費で出席させられます。熱弁を振るった結果は、次回の資料に反映されますが、大枠に影響しない程度にブレンドされるのです。

公共事業に投入される予算は巨額です。当時、本州と四国の間に4本目の橋を架けようというプランも出ていました。本州四国連絡橋は、1本当たりざっと1兆円かかります。和歌山から徳島にもという計画でした。第五次全国総合開発計画（五全総）ですが、銀行や証券会社がバタバタ倒産していた時代でもあり、さすがに立ち消えとなりました。

東京湾アクアラインは、開通直前に視察に招かれました。東京湾の海底を、木更津から川崎まで結ぶ道路です。総事業費は1兆4400億円でした。1メートル当たり1億円近くかかったのです。当初、通行料は5000円を予定していたと記憶しています。かなりもめて値下げされましたが、想定した通行量には達しませんでした。首都圏でありながら、負の遺産となり果てないかが、いまだに懸念されています。

公共事業の牙城に入り込んでいた人間でも、アクアラインは見せられただけ、五全総は聞かされただけでした。

関西学研都市（関西文化学術研究都市推進機構）の委員を務めていたときにも、「私のしごと館」が竣工したからと、視察に招かれました。なにやら工事をしていたのを目撃していましたが、そんな箱モノだったのかと、後から知るわけです。「私のしごと館」の視察は、さすがに拒否しました。600億円近い巨額をつぎ込んで、あげくに負の遺産の象徴となり果てました。

負の遺産ではないとする箱モノの類《たぐい》も、近年は乗数効果が1を割っているわけです。たとえ乗数が1だったとしても、その事業を行う以外に、GDPに付け加える経済効果はいっさいないという意味です。しかし延々と税金が投入され続けています。借金で建設する場合は、国民がやがてその借金を返済しなければなりません。しかも、そんな表面上の公共事業費以上に、実はもっとコストがかかっているのです。

日米構造協議で630兆円の公共事業へ

この無数の箱モノ乱造の背景には、アメリカの影があるといわれます。1990年代に、一種の〝日本たたき〟の一環として、日本側がまんまとワナにはめられたかもしれないのです。それが「日米構造協議」です。あまりにも甘い誘惑でしたから、はまりたがった政治家や官僚も多かったという側面があるでしょう。

戦後の日本経済を振り返ると、わが国の経済力が世界の脅威だとみなされた時代がありました。1979年、エズラ・ヴォーゲルの『ジャパンアズナンバーワン』が欧米で話題を呼びました。成長力が目覚ましすぎたため、1980年代以降、対外的な経済摩擦が激化して、欧米からさまざまな要求を突きつけられます。ヴォーゲルが予想した日本の華々しい近未来は、やがてほぼ逆回転に近い状況へと追いやられていくのです。

金融面での日本の門戸開放は、通常、1980年の「外国為替法」改正によるとされています。海外との金融取引が原則的に自由化されるという「金融自由化」が実現されました。その結果、海外の資金が国内に大量に流入してきます。日本からの投資収益を、海外勢が得やすくなったのです。

重要なエポックは、1985年のG5蔵相・中央銀行総裁会議における「プラザ合意」でした。各国が協調的なドル安で合意して、急激な円高が進展しました。ドル円レートは、240円あたりから120円程度へと約2倍にも急変しました。海外からの投資資金は、この円高で大儲けしたことになります。

しかし、日本の輸出競争力はいっこうに衰えません。そのうえカネ余りで金融大国にまでのし上がってしまいます。日本人が海外資産を買い漁ります。1990年代に入って、バブル経済は崩壊しますが、アメリカとの経済摩擦はますます激化しました。

日米構造協議はそんな1989年から始まりました。1990年6月に「日米構造協議最終報告」が交わされ、その影響が日本には非常に大きかったとされています。何百項目も突きつけられた内容は、興隆してきた日本経済に対して、やがてとどめを刺すほどの内容だったからです。

もっとも負担の重い項目は、「公共事業」に関するものだったと指摘してよいでしょう。当時の貿易摩擦が公共事業につながったのは、「輸出産業に投資するよりも、公共分野に投資せよ」という論法によるものでした。つまり、「内需を拡大しながら、国民生活を豊かにせよ」との意味だったのです。

アメリカ側は、国民総生産（GNP）の「10パーセント」規模の公共事業を要求しました。日本側はその要求に応じて、10年間で総額430兆円もの「公共投資基本計画」を策定しました。1994年にはさらに200兆円を上積みして、総投資額を「630兆円」にまで引き上げました。

この取り決めが、野放図な国債発行と、無数の負の遺産の建設につながっていきます。300兆円程度だった一般政府（国と地方自治体など）の債務残高は、2000年にはほぼ2倍半に膨張してしまい、やがて1000兆円を突破していくのです。

公共事業に偏った経済政策は、わが国の政治家や官僚に責めを負わせる論調が強いですが、このような国際間のパワーゲームという背景を見落としてはならないわけです。欧米は、あるときは強い要請を突きつけ、またあるときは助言という形をとりました。陰に陽に行われる助言の数々は、筋が通っているように見えて、一種のワナが仕掛けられていることがあります。

公共事業によって景気を良くせよというのは、まさにケインズ型の経済政策です。優れた経済理論であったはずなのに、実践し続けた結果、わが国の経済は〝危篤状態〟といえるほど重篤な段階に差しかかっているのかもしれません。それを乗り切るため、近年はわが国で金融政策を偏重してきましたが、それもまたアメリカの助言に多くを負っているのです。

国家予算は年300兆円以上が動く

驚かれるかもしれませんが、国が使ったり、国を介して動くおカネは、「年３００兆円」を軽く超えています。「政府が１００兆円予算を組んでいる」と皆さんが嘆くよりも、もっとはるかに巨額なのです。

この額は、「一般政府」に関するものです。国と地方自治体および社会保障基金などの合算です。国が使うおカネとして、自治体分を忘れないでください。皆さんも別途、住民税を徴収されています。また、年金・医療・介護といった社会保険料も、隠れた税金の一種だともいえ、非常に負担の重いものです。

日本の名目ＧＤＰは約５００兆円ですから、その６割以上に達します。これこそが日本の国家予算の実像です。

図４－１　国と地方の予算総額の推移

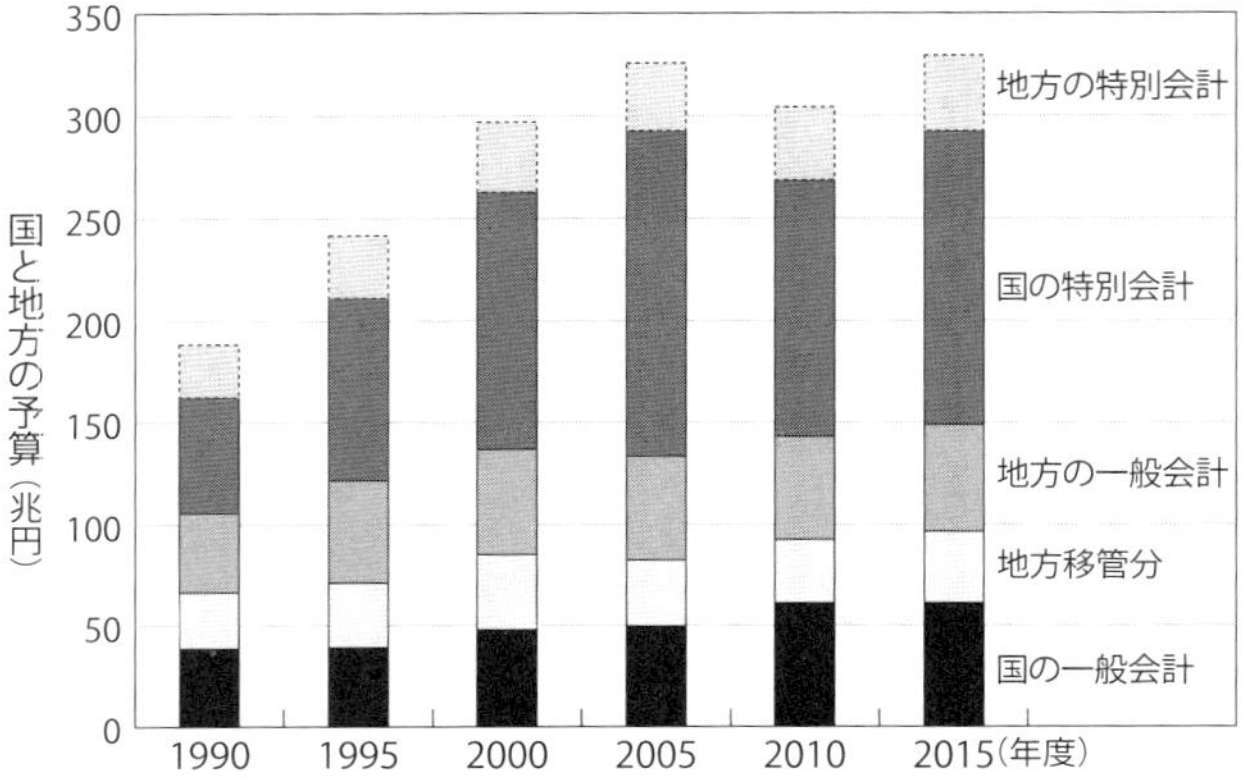

（出典）総務省統計局の公表データをもとに作成

国の「一般会計」と、地方の「普通会計（一般会計と呼ぶ自治体もあります）」という通常予算の合計は、２０１４年度に「１６７兆８４７８億円」でした。総務省の『地方財政白書（２０１６年版）』が集計した総額です。国から地方に配分される地方交付税などがあるため、重複分を差し引いた額です。最終支出を見ると、国が70兆円余り、地方が98兆円近くを支出しました。実は自治体の支出分のほうが国より多いのです。

それ以外にもさらに巨額の支出があります。全体像の概要をグラフ（図４－１）に示します。総務省統計局のデータをもとに作成しました。地方財政白書と微妙に数値が異なりますし、値が明示されていない費目もあります。

政府の統計部局といえども、全容を把握しきれないのでしょう。

支出が大きく上乗せされるのは、通常予算とは別に「特別会計」が存在するからです。２０１５年度は国の分だけで、「１５０兆円」近いのです。重複分を除かない数値は、なんと４００兆円を上回ります。特別会計に関しては、かつて「母屋でおかゆをすすっているときに、離れですき焼きを食べている」という表現が、マスコミをにぎわしました。

しかも、地方も同様に特別会計を組んでいます。ただ、地方自治体を管轄するはずの総務省でさえ、その総額を集計していません。あまりに複雑すぎるのでしょうか。ここに示したグラフでは破線で囲んでいて、そんな費目が存在するという意味でしか表示していません。

特別会計の実態をよく知らない方が多いでしょう。国の場合は、年金などの社会保障関連や、財政投融資、近年の震災復興などの費目を含みます。地方も健康保険、水道事業、産業関連などいろいろな事業をカバーしています。現在は通常予算と併せて、「ＧＤＰの６割」規模を軽く超えるのです。異常なまでに膨張してしまいました。

社会保障は国家予算の3分の1

社会保障費に関しては、国と地方の特別会計では、年金料で30兆円台を徴収、公的医療保険料も30兆円台、介護保険料は5兆円台を徴収します。通常予算からは、それに上乗せして、年金11兆円台、医療11兆円台、介護5兆円台を支出します。それ以外に生活保護費なども必要ですし、２０１４年度の給付総額は「１１０兆円台」でした。

税金その他で徴収される額は、この日本では非常に重いのです。日本だけでなく、世界中の先進国において同様です。所得税は一部にすぎず、地方税として住民税を10パーセント以上取られます。それ以外に消費税など、さまざまな税金があります。さらに年金・医療・介護で引かれる額で、生活を大きく圧迫されていると、まさに実感しておられるでしょう。

ＧＤＰの６割以上が国を経由します。したがって、中間層というもっとも人口が多い層からは、さまざまなルートで、それに近い額が徴収されているわけです。勤務先にも法人税として課税されます。不動産や金融収益、自動車とガソリン、酒・タバコなどにも課税されますし、相続税がのしかかる場合もあります。年金生活者層までが、４割といった負担を強いられている人が少なくないのです。

ただ、社会保障費として使われるのは、国家予算総額の3分の1程度です。残り3分の2である「200兆円余り」に非常に大きな問題が潜んでいることになります。内訳として文教予算なども含みますが、どこで何のために200兆円も使っているかとなると、まさに〝伏魔殿〟状態でしょう。官僚たちはそんな状況を重々承知しています。しかし誰も暴走を止められないのです。

600兆円に上る国の固定資産

かつて旧建設省で、建設官僚の最大の危機意識を聞き出したことがありました。「公共インフラの維持管理費が、建設予算を上回る日が迫っている」というのが、そのもっとも恐るべき危惧でした。新規の公共事業も巨額ですが、既存の社会インフラを維持する費用が、早晩それを超えます。容易ならざる末期状態が近づいているともいえました。

その危機感を裏づける試算を行ってみましょう。国家機関は一種の伏魔殿ですから、金額は推計に頼らざるをえない部分があります。当時の建設官僚たちも推計で見積もったはずですが、それとほぼ一致する概算結果が出てきます。

内閣府の「国民経済計算」の2016年版では、一般政府の固定資産は2014年末に「約483兆円」だとしています。土地は別に集計されていて「約117兆円」です。合計すると、帳簿上で「600兆円」にも達する資産を保有しています。

これらは、公共的な建物などの箱モノや、日本中の道路などが主体です。自治体分も含みます。固定資産という枠組みですから、機械類なども含むデータであることをお断りしておきますが、要するに税金で購入した資産の全体です。

先ほど述べた「日米構造協議」では、「630兆円」の公共事業を求められました。ほぼそれと同額です。資産は減価償却を行っているはずですから、投入された予算は、簿価よりもさらに巨額なはずでしょう。国の借金の大半は、そんな箱モノなどに化けてしまったにちがいないのです。

大量の社会インフラは、売るに売れないものがほとんどです。国の借金が1000兆円以上に積み上がっているとはいえ、内外純資産など埋め合わせる資産もかなりあると主張されますが、箱モノ資産に関してはわずかしか売れるはずがありません。二束三文でも売れないものが多いでしょう。しかも、もしすべてを売り払えば、どこの道路もどの施設も、すべて高い使用料金を請求される状態に陥ってしまうでしょう。

維持管理費と更新費の恐るべき国民負担

特に注意しなければならないのは、そんな国の資産には、巨額の「維持管理費」や「更新費」がのしかかっていることです。推計結果を予告すると「年40兆円以上」です。負の遺産が累増するにつれて、維持管理費用などが膨大な額にまで水膨れし続けてきました。維持管理費には、大量の人員を雇うための人件費も含まれているのです。

常識的な考え方では、箱モノの維持管理費の累計額は、「20〜30年」で建設費と同額規模に達します。維持管理という名目ですから、予算書では公共事業費のまったく枠外で、大部分が隠されてしまっているのです。国の予算書は１０００ページを超えますが、なんら見えてこない闇の中に隠れているのです。

皆さんもご自身の住まいについて、維持管理費を試算してみればおわかりになるでしょう。新築であったとしても、やがてリフォームも必要になりますし、毎年の固定資産税なども かかります。マンションの場合は管理費・修繕費なども必要です。家庭でほとんど考慮されないのが人件費ですが、清掃などの委託費用を上乗せしてみてください。何十年分かを合算すると、全国の平均的な建物価格を上回るでしょう。

たとえば「東京都庁舎」を例にしてみましょう。1990年に完成しましたが、総工費は「1569億円」でした。「バブルの塔」（バベルの塔をもじった表現）とも呼ばれたほどですから、その維持管理費も報道されることがありました。

2008年度の維持管理費が、グーグルのキャッシュ（過去ページ保存メモリー）に残っていました。単なる維持補修費がこの年度に50億円でした。さらに人件費などが積み上がるため、年間約82億円のコストがかかっています。つまり20～30年で建設費とほぼ同規模に達します。

さらに、私が保存している電子ファイルの中に、2006年2月21日付の朝日新聞夕刊の記事がありました。その記事が述べるには、都庁舎は雨漏りに悩み、天井裏はバケツとビニールシートだらけとのこと。設計が奇抜だったため、雨漏りの修理だけで、なんと1000億円もかかるというのです。さまざまな事業で放漫ぶりを批判されがちな東京都ですが、当時も恐るべきありさまでした。

しかも、さまざまな箱モノや社会インフラなどは、それを更新するとなると、前回よりもはるかに巨額の費用を要します。1964年に完成した東海道新幹線は、総工費がたった3800億円のプロジェクトでした。1キロメートル当たり「7億4000万円」弱でした。

近年は、２０１５年に北陸新幹線の長野―金沢間が開業しましたが、この区間で１兆７８００億円を要しました。１キロメートル当たり「78億円」です。工事単価は、約50年で「10倍」以上にはね上がりました。

つまり、土木建設事業の場合、50年程度で更新計画が動き出すとすると、現在は新設費が10倍以上もかかる恐れがあるわけです。この間に消費者物価は「４倍強」に上昇しましたが、おカネの価値が変わったとはいえ、今後のしかかる重みを実感していただけるでしょう。

日本の建設コストは世界の数倍かかる

２０２０年に向けた東京オリンピックの計画でも、経済大国幻想から抜け出せないためか、「新国立競技場」に３０００億円との計画が出されました。世界は５００億円程度が相場です。大きな批判で減額されましたが、それでも１５００億円との見積もりです。さらに極端な例として「海の森水上競技場」は、招致段階での69億円が、いったんは１０３８億円まで膨張し、それを４９１億円に下げても高いともめ続けました。

表4-1　超高層ビルの建設コストの比較

建物	建設費	延床面積	高さ	竣工年
ブルジュ・ハリファ	1392億円	46万㎡	829m	2010年
東京都庁舎	1569億円	20万㎡	243m	1990年
大阪府咲洲庁舎	1193億円	15万㎡	256m	1995年

新国立競技場の維持費は、50年間で1200億円などと、事業主体の日本スポーツ振興センター（JSC）は一応の算出を行っています。そのとおりなら、世界の相場並みを理解しているということです。しかし、真の維持費は、やがて目をむくほどの国民負担を発生させる恐れを否定しきれません。

そんな騒ぎを述べるまでもなく、日本の建設コストは、世界の数倍、たとえば3倍以上といった印象を抱かせます。新国立競技場は、予算どおりに建設しても、1席当たり約2000万円かかります。土地代が不要でもこれほど高額なのです。

非常に模範的な実例として比較されたのは、ガンバ大阪の吹田サッカースタジアムでした。1席当たり40万円強ですから、新国立競技場の2割ほどの単価で、2016年に開場しました。開閉屋根付きですし、国際サッカー連盟の規格も満たしました。しかも建設費の大部分を寄付金で集めたのです。

国際比較の一例として、世界一の超高層ビルとして建設されたブルジュ・ハリファと、東京都庁舎、大阪府咲洲《さきしま》庁舎（旧大阪ワールドトレードセンター）の建設費などを表４-１に示しておきますのでご覧ください。ブルジュ・ハリファはアラブ首長国連邦のドバイにあって、まさに贅《ぜい》を尽くした建物です。

このブルジュ・ハリファもバブルの塔ですが、竣工年に報道された円換算額です。ドル建てでは15億ドルでした。高さ828・9メートルは、東京スカイツリーの634メートルを大幅に上回ります。スカイツリーは、ほぼむき出しの鉄塔にすぎませんが、650億円もの事業費を要しました。１メートル１億円以上です。

一方、大阪府咲洲庁舎を実際に見た方は、かなり安っぽい印象を受けるでしょう。しかしデータを比較すれば、極端なほど割高です。債務超過状態に陥り、大阪府にわずか80億円で買い取られました。ところが、耐震性不足が判明して、大阪府のお荷物と化しました。2016年初めに珍しく報道記事が出たら、「初のテナント募集に応募ゼロ」という嘆かわしいものでした。

旧大阪ワールドトレードセンターのような建設事業は、お役所仕事の典型というべきでしょう。甘すぎる見通しのうえに超高コストです。しかも、皆さんがご自分の住宅を購入する際にも、間接的にその影響を受けてしまうのです。民間住宅も類似の高コスト構造の下で建築されてしまうからです。放漫な官製事業のせいで、皆さんにはそんなコスト負担まで押しつけられているということです。

箱モノ予算の推計は年65兆円規模

一般政府の固定資産は「４８３兆円」です。土地価格を省きました。維持管理費は、25年間で新設費と同等になるとして試算してみましょう。

注意すべきは、固定資産の評価額は、「減価償却」が帳簿上でなされていることです。定額法で償却するとして、かつ新設も年ごとにほぼ均等とするなら、固定資産の倍額「約１０００兆円」が、維持管理費を算出する根拠となります。計算が苦手な方は、この根拠を素通りしていただいて結構です。日米構造協議後の10年間で「６３０兆円」ですから、１０００兆円でも控えめかもしれない、といえばおわかりでしょう。

この約１０００兆円を25年で割ると、国家予算のうち、約「40兆円」が年間維持管理費の総計です。ごくおおざっぱな概算ですから、土地資産１１７兆円の維持管理コストも、これに含まれると考えました。

一方、新規事業はというと、内閣府の公表データを使えます。新規の公的固定資本（資産）形成は、2014年度に「24・8兆円」です。国の一般会計における公共事業費は6・4兆円（補正予算を含む）でしたが、地方分や震災復興分その他を合算すると、実はこんなにも膨張するのです。過去最高額は1995年度に「44・4兆円」にも上りました。

注意しておきますと、公共事業と公的固定資本形成とは似た概念ですが、固定資本には機械類なども含んでいます。他方、公共事業側は、学校や病院などの建設費さえ含めておらず、総額をかなり低めに見せかけています。実際に予算を要するという点で、固定資本形成のほうが試算の根拠として妥当性が高いと思われます。

この2種類の金額を合算すると、箱モノなど固定資本とその維持に要する年間予算額は、実は国と地方でおよそ「65兆円」が真相だということです。つまり、日米構造協議で合意したのとほぼ同規模の額を、日本の政策担当者はその後もまったく覆すこともなく、惰性による支出で繰り返してきたことになるわけです。

社会保障費を除いた国と地方の予算200兆円余りのほぼ3分の1です。国民がおかゆをすすっているというのに、行政機関は毎年これだけのすき焼きを食べています。その結果、この恐るべき伏魔殿が、まさに〝バブル御殿化〟し続けてきたのです。

概算ですから目安です。しかし、かつて旧建設省の官僚たちが行った試算と、まさに一致しています。当時は、新設の固定資本形成が、年間40兆円時代でした。維持管理費がやがてそれと同規模になると嘆いていたのですから、この試算とまったく同規模です。現在、もし国土交通省がふたたび集計し直したなら、正直な数字はこれに近いものでしょう。

付言すると、この試算法は一般性の高いものです。「私のしごと館」は、581億円かかった建物でしたが、年間赤字が23億円に達して閉館しました。赤字を25倍すれば、建設費とほぼ同額です。つまり、無用の長物の判定にも使えそうな試算法なのです。その後、同館は京都府に無償譲渡され、レタス栽培工場などとして貸し出されました。

30兆円超の新規国債をゼロにできる

あまりにも巨額の箱モノ類の予算をどうすべきかは、国民の皆さんが選択すべき深刻きわまる課題です。極論すれば、年間予算65兆円をまったくゼロにして、民間にそのおカネを自由に使ってもらうという選択肢さえありえます。

もしそんな選択肢を選べば、国民全員に毎年1人50万円以上配れます。4人家族なら年200万円以上です。逆にいえば、皆さんは税金などさまざまなルートで、それほどの高額を義務として課され、さらに国債の借金という形で背負わされ続けてきたということです。

これほどの放漫財政による浪費にいかに対処するかとなると、有力な選択肢としては、「箱モノなどの予算を半減する」という案がありうるでしょう。４人家族で年１００万円ほどに相当する金額です。年間の新規国債の発行額が30兆円余りですから、箱モノ予算の半減によって、「新発国債をまったくゼロにできる」ことになります。

「公共事業や維持管理費の大幅削減」で達成できます。あるいは、「従来の1年分の予算を、2年に延ばす」といった対処法がありえます。国債暴落や円暴落によって、日本経済が破綻する危機に瀕している、と強い警鐘が鳴らされる時代ですから、真剣かつ速やかに検討すべき課題でしょう。

しかし同規模の借金削減策を立案するなら、政府としては「社会保障費を3割程度削減する」という案を選びたがるかもしれません。社会保障費が１１０兆円台ですから、30兆円余りを社会保障費から削るなら、社会保障の3割程度になるという見積もりです。

当然ながら、両方の折衷案もありえます。箱モノ予算と社会保障費の両方から、折半で削るといった案です。ただ、国民の皆さんはどちらを選ぶでしょうか。皆さんにとって、社会保障費はまさに死活問題の〝命ガネ〟です。一方、箱モノ予算の半分を削減するとなれば、それらはもともと〝死にガネ〟同然だったとみなすのではないでしょうか。

この章では、1990年の「日米構造協議」によって、かつてないほどの経済的苦境が仕掛けられたことを述べました。しかしながら、前章でもすでに述べたように、それは日本の「政策担当者階級」をもっとも利する政策という側面も併せもっていました。ケインズが仕掛けた〝甘美なワナ〟に、日本の政治家や官僚たちが甘んじて落ちたともいえるでしょう。

はたしてこの苦境を日本は乗り切れるのでしょうか。この章では、現に解決策が存在するとしました。もし問題点の核心を究明できたなら、解決への歩を進められる、という典型的な問題だと思います。実データを科学的な目で分析するという方法に、私たちはまだ夢を託せるのではないかと期待したいのです。

次章では、マイナス金利にまで突き進んだ金融政策という視点から、問題を掘り下げてみます。放漫な公共事業バブルで掘り返し続けた穴の数々が、やがて日本経済を葬送するための〝墓穴〟と化してしまう恐れを、皆さんはどう考えられるでしょうか。

第5章　日本人の資産運用はどうなるのか

——年金・保険の崩壊を食い止めよ

マイナス金利に至った長期金利の推移

経済は人間生活の物質面をカバーしていますが、精神面をカバーしきれているかというと、誰しも疑問を抱くことでしょう。経済学の父アダム・スミスは道徳哲学者でもあったわけですが、彼の自然神学はいわゆる「神の見えざる手」という表現で、利己主義を肯定しました。『国富論』での単なる直訳は「見えざる手」ですが、『道徳感情論』の文脈に「神の御業《みわざ》」があるため、神をつけて訳されることもあります。

哲学者バートランド・ラッセルは、世界大恐慌の経済停滞が深刻化する状況下で、「世界は発狂しているか?」とこの問題に言及しました。彼の不安はやがて的中しますが、世界は第二次世界大戦へとひそやかな歩みを始めていました。ラッセルは「個々の資本家が利潤を得ずとも、世界はもっと豊かになれよう」と指摘しました。

近年はその〝発狂する経済〟へと、ふたたび禁断の一線を踏み越えつつあるというべきなのでしょうか。

次のグラフ(図5-1)はやがてそれを象徴するものとなるかもしれません。わが国の長期金利の推移です。「マイナス金利」に至る日までを描きました。ここで長期金利とは、

図５－１　日本の長期金利の推移

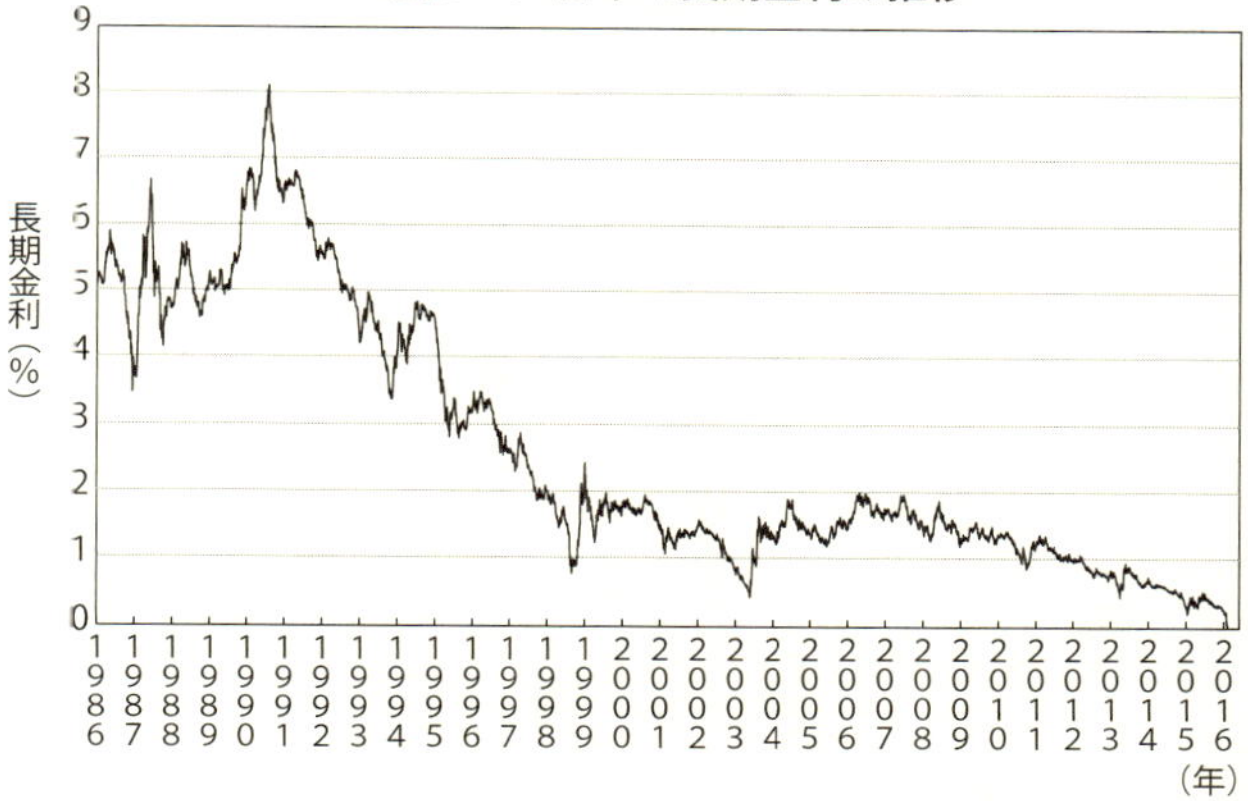

（出典）財務省の公表データによる

「新発10年物国債の利回り」という意味ですから、10年物国債が発行されるようになって以降のデータです。

日銀のいわゆる「異次元金融緩和」が２０１３年４月から始まり、２０１６年１月についにマイナス金利導入まで決定しました。しかしそのはるか以前から、異常なまでの低金利状況が長く続いてきました。２０００年代に入って以降、長期金利が２パーセントを上回った日は、このグラフでは１度もなかったのです。

それが、さらにマイナス金利にまで強制的に追いやられました。本来、マイナス金利は持続可能ではありえないでしょう。おカネを借りた側が金利をもらえるのですから、まったく常識外の状況です。いったい誰がおカネを貸すでしょうか。

金利は、「リスクの代価」であるという側面を濃厚にもっているはずです。ですから、マイナス金利の論理的帰結は、「借り手のリスクが、貸し手を上回る」ことを意味します。早晩、われわれはそんな大惨事を見るかもしれません。おもに国債金利ですから、借り手は日本政府を意味します。そのとき、国民まで道連れにされるのですが……。

金利3パーセントが禁断の一線か

ケインズの主著に、イギリスのことわざが引用されています。「ジョン・ブルは寛容だが、金利2パーセントには我慢できない」という意味のものです。ジョン・ブルとは、イギリス人を表す俗語で、特にイギリス紳士を意味します。

そんなケインズの感覚に従うなら、2000年代の日本の金利状況は、けっして我慢できないものでした。おおざっぱにいえば、「金利3パーセントなら我慢できる」ということですが、私も一貫してそれと同意見です。たとえば私の大学教科書の例題は、3パーセントという利率をいっさい変更せずに固守してきました。

以下で示すデータによれば、金利「3パーセント」程度を割ることが〝禁断の一線〟である可能性が推認されます。わが国では、1990年代半ばにそれを割りました。さらに1998年に1パーセントを割った際には、世界の金融史に残る記録的データとなってしまいました。

シドニー・ホーマーとリチャード・シラの大著『金利の歴史（*A History of Interest Rates*）』（1963年初版）は、文明史5000年間の金利を徹底的に収集した本です。とはいえ近世以降がおもな記録です。興味をもつ読者がごく限られますから、邦訳されそうにありませんが、ときどき参照されます。

その本のデータを見ていると、金利3パーセント割れは、金利100パーセント以上よりもはるかに稀にしか見つかりません。むしろ金利10パーセント以上が歴史上はザラで、超低金利では誰もおカネを貸そうとしなかったのです。

この書によれば、近年を除けば、1619年にイタリアのジェノバ共和国で記録された「1・125パーセント」が最低金利でした。第二次世界大戦中、アメリカは戦時下の金利を低めに誘導し、1941年に「1・85パーセント」という記録があります。主要金利で2パーセント割れはその程度に限られます。例外的な事例では、懲罰的に一部に適用したマイナス金利として、資産課税に相当するもの、国外からの流入資金に適用した例などがあるようです。

　ところが近年は、ヨーロッパでマイナス金利が始まり、日本もそれに追随しました。金利が低下すると、その国の通貨での運用益が減るため、通常は「通貨安」になります。通貨安になれば、「輸出競争力」が増して、貿易黒字が増加して、景気が活性化されます。また輸入品が値上がりするため、「インフレ」が進行するはずです。

　しかしながら、日銀がマイナス金利を導入した直後、そんな思惑どおりには事が運びませんでした。逆に円高を招いたのです。貿易黒字は増えず、物価はむしろ下落しました。まるで日銀の金融政策を無視するかのように、金融市場では狂気めいたマネーゲームが繰り広げられ始めたといえるでしょう。

超低金利が厚生年金基金を崩壊させた

　日銀はマイナス金利政策が正しいかのように強弁しましたが、もともと政府内においても、超低金利政策の弊害は十分に認識されていたはずでした。たとえば厚生労働省においても、「年金運用」問題などが以前から議論されてきたからです。

「厚生年金基金」の制度ができた当初は、「年5・5パーセント」という予定利率が設定

図５-２　厚生年金基金の運用利回りの推移

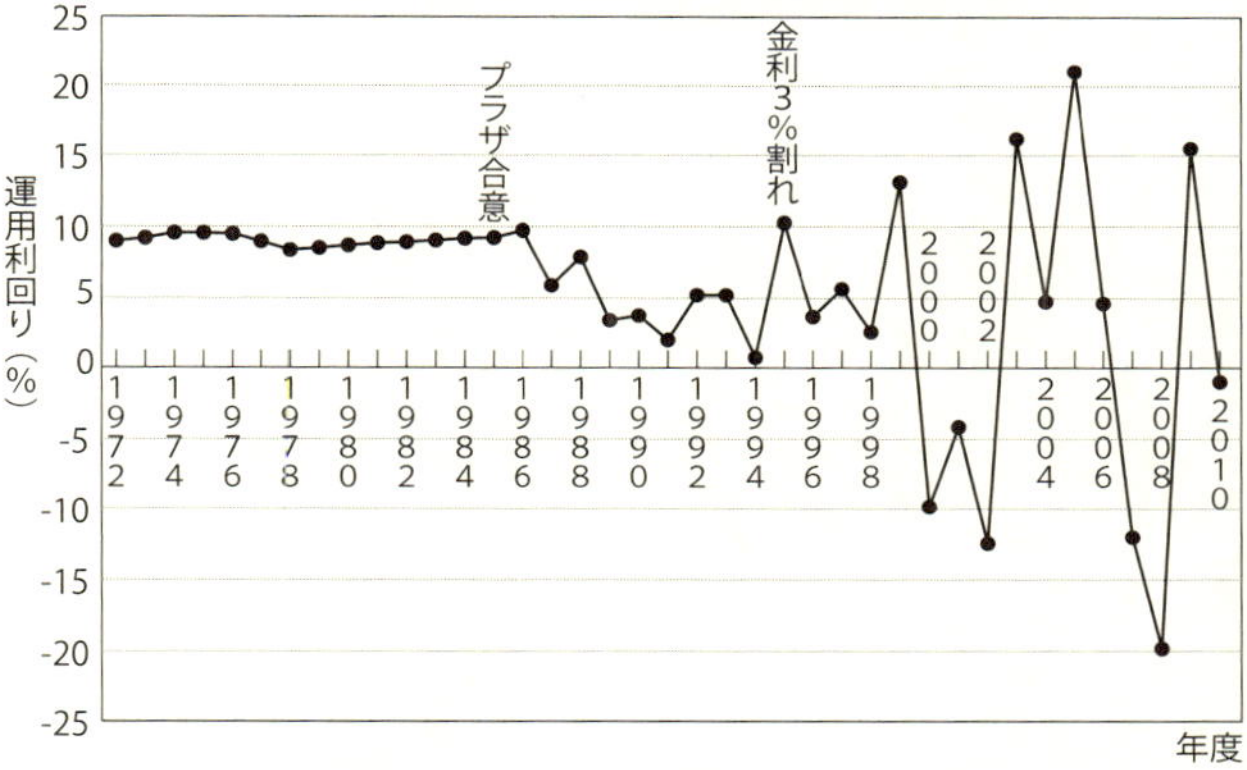

（出典）厚生労働省年金局「厚生年金基金等の現状について」（2012年）による

されていました。名称がややこしいですが、厚生年金基金は、厚生年金の代行や上積み部分となる企業年金制度です。年５・５パーセントで運用できれば、「10年で７割増」程度を目標にできました。さまざまな企業に分かれて運営されてきましたが、近年、あちこちの基金が解散せざるをえなくなり、それがしきりに報道されました。

厚生労働省の年金局が作成した資料には、厚生年金基金の運用成績の推移として、図５-２のようなグラフが掲載されています。超低金利が厚生年金基金を崩壊させたとみなせるような、非常に恐ろしいグラフです。

同基金の運用は、１９８０年代半ばまでは非常に好調でした。年10パーセントに迫るような非常に安定した運用がなされてきたのです。世の中の金利が比較的高かったからです。このグラフで単純計算すると、この期間に積立金が「3・70倍」にも増えるほどの運用成績でした。

　物価はというと、1973年と1979年の2度のオイルショックで、予想外の狂乱物価に見舞われました。その悪影響で、物価上昇率は「2・53倍」に達しましたが、消費者物価を補正した実質でも、年金資金は「1・46倍」という運用成績を達成しました。オイルショックさえなければ、もっと高い成績を収めたでしょう。

　しかし、明確なエポックは1985年の「プラザ合意」でした。1980年代後半以降、日銀が低金利へと誘導して、経済は顕著にバブル化しました。地価と株価が目をみはるほど高騰します。それが崩壊した後も、「株価を上げろ、株価が下がったら大変だ」という経済政策が推進され続けたのです。

　1980年代後半のバブル経済期には、たとえ株価が高騰し続けても、年金の運用利回りはどんどん低下しました。そもそも年金は安全運用が大原則です。リスクの高い運用にはあまり資金を振り向けないからです。むしろ世の中の金利が低下した影響をもろにかぶってしまいました。

そして、1990年代半ばには、ついに長期金利が3パーセントを割ります。いわば〝カジノ資本主義〟時代が到来したわけです。グラフのように、厚生年金基金の運用はまさに制御不能状態に陥り、きわめて不安定化してしまいました。超低金利政策の恐るべき「副作用」でした。高い予定利率が設定されたままだったため、無理な運用を行いました。やがて毎年度のブレが大きくなりすぎて、厚年基金はバタバタと解散の憂き目に遭いました。

年金運用はカオス状態に陥ったのか

このグラフ（図5－2）を見て、「カオス」という現象を連想する方がいるかもしれません。それは「全体は部分の総和ではない」とされる「複雑系」で発生する現象としてもっとも有名なものです。線形ではなく、「非線形現象」の一種です。

年金運用は簡単に数学モデルをつくれるわけではありませんから、カオス状態を厳密に立証することは困難です。しかし、まともな非線形学者なら、思い当たる節がある問題かもしれません。科学系で微分方程式を扱い慣れてきた猛者《もさ》である必要がありますが、これを類推させる物理問題が以前からよく知られていたからです。

類似の問題は、19世紀にすでに数学的解明がなされていました。「ジェームズ・ワットの蒸気機関」には、調速機の役割を果たす「遠心制御装置」がありました。蒸気機関を安定して稼働させる仕組みだったのですが、加工技術が進歩するにつれて、かえって挙動が不安定化する、という不思議な現象が発生したのです。

やがて数学的に解明されたのは、摩擦係数が低下するにつれて、挙動が不安定になるという思いがけぬ真相でした。工学系でカオスを専門的に講述する場合、学部レベルの講義で出てくることさえあります。私も学生時代に教え込まれました。

この現象との類推ですが、金利を金融システムに対する〝摩擦〟とみなせばよいでしょう。そうすれば、年金運用で生じたカオス的現象は、ワットの蒸気機関における制御不能問題との類似性を推測できるわけです。

多くの政治家は、「株価を上げれば、日本経済は成長する」という幻想をしつこく信じ続けています。そのために金利を下げて、金融市場を身軽にし続ければよい、と単純に考えます。しかし、株価至上主義は〝経済のカオス化〟を招く恐れをも伴っているのです。

今後の年金運用の見通しとしては、企業年金は1・5〜2・25パーセント、国民年金基金（国民年金とは異なります）は1・5パーセントといった予定利率が見られます。金利が低下しすぎた結果、非常に低い運用益しか得られなくなってしまいました。

年利1・5パーセントですと、10年かけても「1・16倍」にしか増えません。税金を引かれれば、さらに減ります。もしその苦境に立ち向かおうとすれば、運用がかえって制御不能に陥り、破綻しかねないリスクに直面してしまうのです。

このようなデータを真剣に分析する人々なら、かつてバブル経済の絶頂期のうちに、株高偏重政策の危険性を明らかに嗅ぎ取ったはずです。しかし、多くの政治家も経済学者も、この異常事態を見過ごしてしまいました。あるいは見て見ぬふりをして、口をぬぐった人々もいたかもしれません。その不幸な結末として、現在、年金運用は崩壊の瀬戸際にさらされているわけです。

保険業界も存続不能の危機に立つ

次のグラフ（図5-3）は「生命保険の運用利回りの推移」です。年金や保険は、模範的なほど安全運用を行う方針を従来から採用してきました。このグラフは生命保険業界全体を集計したものですが、かろうじてカオス化を避けつつ、致命的なブレを抑制しています。

図5-3　生命保険の運用利回りの推移

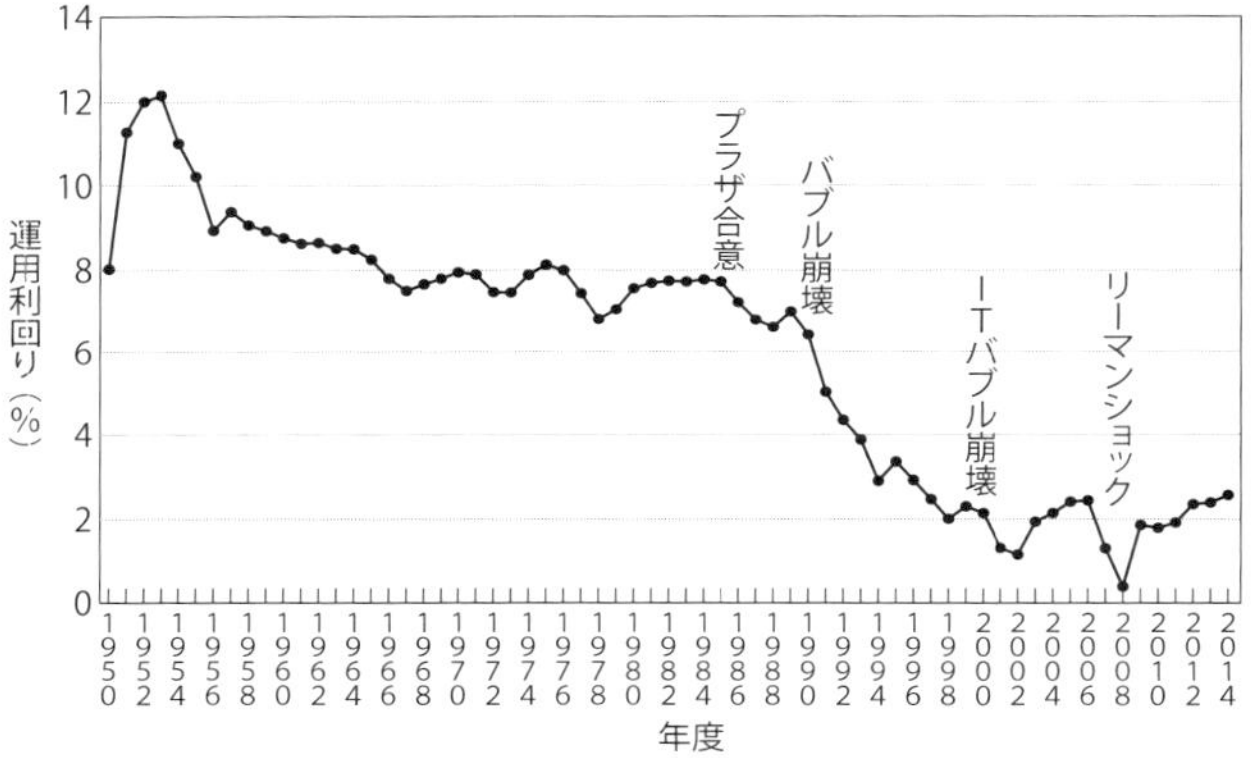

（出典）生命保険協会編「生命保険事業概況　平成26年度版」による

しかしながら、ご覧いただくと一目瞭然ですが、プラザ合意以後に運用状況は一変しました。１９８０年代後半のバブル期以降、生命保険業界の運用利回りはどんどん低下し続けたのです。株価上昇の恩恵はまったくなく、金利低下の「副作用」のみをこうむりました。

バブル経済のまっただ中で、株価も地価も高騰が顕著でした。しかし安全運用型の生命保険業界は、むしろ運用益を減らし続けたのです。グラフの１９８０年代前半までの運用状況と比較してください。

バブル経済が崩壊するや、かつて８パーセントラインだった運用利回りは、２パーセントラインにまで低下していきます。途中でITバブル崩壊やリーマンショックも起こりましたが、必死で益出しをしつつ、わずかなプラス運用を守り続けました。

２０１２年秋以降、新政権は株価重視政策を推進し、株価は２・47倍にも上昇しました。ところが、このグラフの最終部が示しているのは、生命保険業界の運用利回りは、やはりごくささやかなものにすぎなかったという事実です。

マイナス金利の導入直後、生命保険協会会長は「もはや運用困難」という痛切な発表を行いました。保険業界が存続不能の危機に立たされている、という意味だったのでしょう。つまり、ここで指摘しているのは偏った私見などではなく、生命保険業界の真情を代弁しているものだということです。

失われゆく高度成長時代の幸せ

国民年金保険料は、１９６１年４月から徴収が開始されました。当時のおおよその運用利回りは、この生命保険のグラフ（図５‐３）を参考にしていただくのがよいでしょう。年８パーセント前後の運用利回りが長く可能だったのです。

金利８パーセントの高度成長時代、当時の国民はとても幸せだったといえます。利息に対する税金の天引きもなく、複利なら「10年で２・16倍」程度の運用益を得られました。

1985年のプラザ合意までは、なんとかこの状態が続きましたが、現在は暗転が到来し、老後の幸せが失われゆく可能性が高いのです。

年金の「世代間格差」が問題視されますが、その背景には明らかに、「過去の高金利」と「近年の超低金利」という大問題があります。年利8パーセントが25年間も続いたなら、支払った保険料は「6・85倍」にも増えます。

しかし、金利2パーセント時代には、2割の源泉徴収税まで引かれて、「10年で1・17倍」程度でしか増やせません。25年かかっても、やっと「1・49倍」にすぎず、高度成長世代の4分の1未満なのです。しかも近年は、それよりもさらに無慈悲な低金利へと転落し続けました。

今後も超低金利時代が続くと、その悪影響は、高度成長期を生きた人々の老後にも押し寄せます。内閣府の経済社会総合研究所は、公的年金の受給額に関して、非常に厳しい推計を公表しました。それを図5-4に示しましょう。物価上昇率などを反映して推計すると、ほとんどの人の老後が報われないのです。

この報告によれば、生涯に払い込んだ年金保険料に対して、年金受給額がプラスになるのは、1950年生まれの人々までです。1955年生まれで、もはやトントン状態です。

図５−４　公的年金の生年別の受益と負担（男女計）

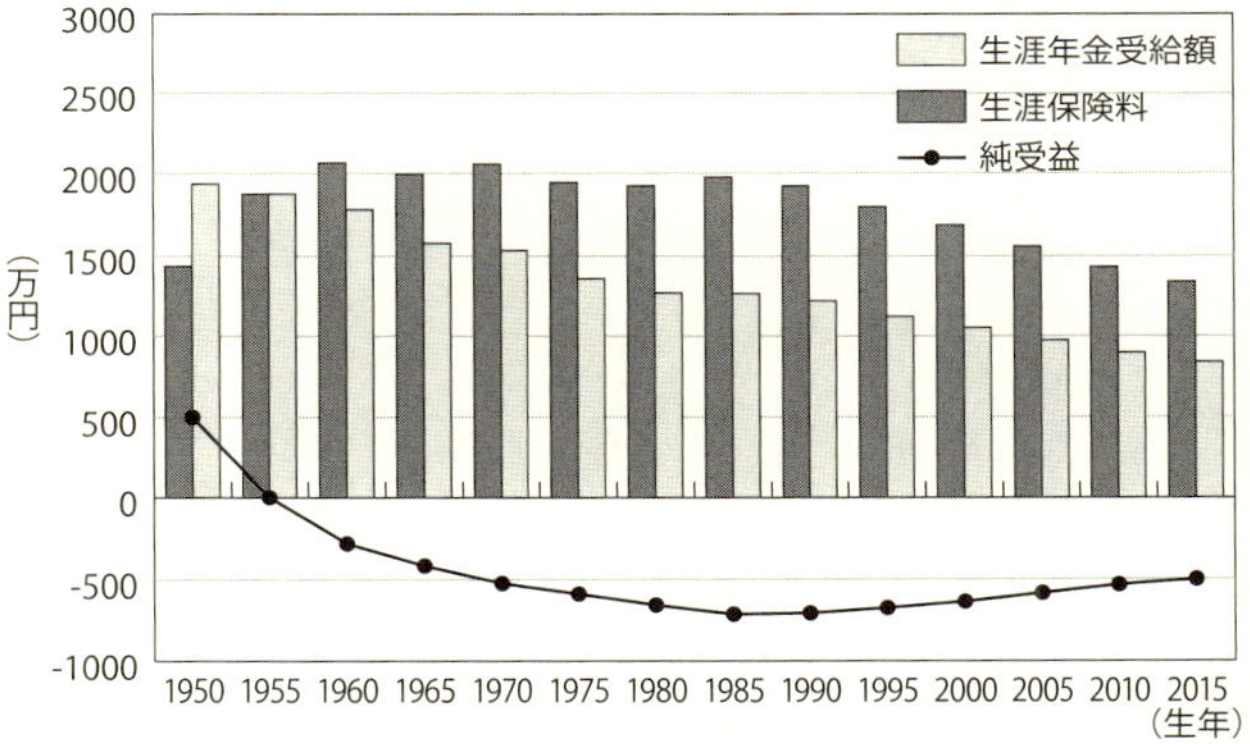

（出典）内閣府経済社会総合研究所「社会保障を通じた世代別の受益と負担」（2012年）による

それ以降の人々は、払い込んだ保険料に見合う受給額を得られないどころか、１人当たり５００万円程度は損になると考えたほうがよいでしょう。

通常は夫婦での受給額を想定しますから、２人分を足しあわせると、もっと実感していただけるはずです。男女別の推計によれば、男性が非常に不利です。１９８５年生まれの男性は、１４００万円以上のマイナスです。１９５０年生まれでさえ、たった12万円の得にしかなりません。その差額分だけ女性が有利ですが、要するに夫婦で１０００万円以上の損になる人々がほとんどなのです。

この内閣府の推計に対して、厚生労働省はもちろん激しく反論しました。２０１５年の同省の推計では、全員が大幅にプラスだとしました。将来の受給額の見積もりですから、どちらが正しいかは判定しがたい問題です。ただ、政府部内からここまで案じるデータが出てくるほど、超低金利政策は問題が多すぎるということです。国民目線では、なんとしてでも食い止めねばならないわけです。

年50兆円が国へ流れる

人類史における金利は、「年利3パーセント」程度を最低ラインとしてきたと判断されます。これが健全な金利だったと推測されるのです。その間のインフレ率は、一部の時代を除けば微々たるものでした。また世界経済の成長率も、デコボコをならしてみれば、1970年代以降は、実質値で3〜4パーセント台を続けてきました。

わが国の個人金融資産は「1700兆円台」ですが、年利3パーセントで運用すれば、年間「50兆円」以上の利息を生み出します。ところが、近年は利息が極端に低下していますから、そのほとんどを国民が失ったも同然なのです。家計の現預金と保険・年金で「1403兆円」（2015年度末）ですから、安全運用される分で利息「42兆円」です。

普通預金に100万円を預けても、1年で利息8円（税引き後）しかつかない時代です。

いくらなんでも、100円ショップに払う消費税分にしかならないのはひどすぎるのではないでしょうか。

国民が失った金融所得の大部分は、〝借金王〟というべき政府への所得移転と化したとみなせるでしょう。国の借金は1000兆円を上回り、国民1人当たり「800万円台」として報道されます（隠れ借金は省かれています）。先ほどのグラフ（図5-4）で示したように、皆さんが年金でこうむるはずの損失は、この額の埋め合わせの一部とも考えられるわけです。

年間50兆円は、GDPの1割程度に相当します。新築住宅の建築費を2000万円とすると、毎年「250万戸」も建設できる金額です。ところが近年の新設数は、70万戸台だった年さえありました。それが4倍増になるほどの金額が失われているのです。

別の試算では、皆さんの子育てを支援するために、18歳未満の全員（約2000万人）に「年100万円」ずつ配っても、毎年「20兆円」しか要しません。まだかなり余りますので、さらに「非正規雇用者2000万人」の所得まで、「年150万円」ずつ底上げできるわけです。

安定ポイントでありえない金利政策

一方、国の借金1000兆円に対して、年利3パーセントを適用すると、年「30兆円」です。それがゼロ金利となり、さらにマイナス金利にまで下がれば、国へ年30兆円以上の所得移転が行われることになります。そのうえ、政府と日銀が掲げるインフレ率2パーセントまで達成すれば、国の借金は実質的にさらに年「20兆円」程度削減されます。皆さんの預貯金や将来の年金などの目減り分にちょうど相当する額です。

国民が失う年50兆円は、そのまま国へ流れていく仕掛けになっているということです。まさに「不幸の金融政策」と呼ぶべき狂気の状態でしょう。しかしそれが、まるですばらしい政策であるかのように喧伝されてきました。皆さんはそれを詭弁とするか、政府こそが正しいと考えるか、この章のデータを見た後で、どちらを選ばれるでしょうか。

超低金利ですと、もちろん住宅ローンの金利は下がります。ところが、その分だけ住宅価格も高騰するという副作用を伴いました。本書の執筆時点では、首都圏の新築マンション価格は、数年前より1000万円近く上昇しています。つまり金利の低下分は、別の形で皆さんの支出となっているのです。

結局のところ、庶民の多くは、超低金利やマイナス金利の状況下で、損をしたり、将来の不安を抱えることになっている可能性が高いわけです。むしろごく常識的な金利に戻したとしても、皆さんにとって不利になる機会はごく少なそうだということです。

マイナス金利政策に関しては、先ほども述べましたが、国内の銀行・保険業界が激しく抵抗を行いました。経営の根幹そのものにかかわる問題であり、新たな金融危機さえ招きかねないからです。経済ゲームの構図として、この金利状態は持続可能ではありえず、安定ポイントにはなりえないでしょう。日銀も金融政策の検証に基づいて、多少の修正を行いましたが、正常化への道は遠いと思われます。

次章ではさらなる狂気の経済政策を俎上に載せてみます。もしヘリコプターからお札がばらまかれるなら、皆さんはそんな政策をありがたいと感謝するでしょうか。それとも恐るべき〝悪魔の政策〟として畏怖《いふ》すべきなのでしょうか。

第6章　ヘリコプターマネーは何をもたらすのか

――詭弁化した経済の末期症状

財政危機と経済活性化のジレンマ

国民目線でいえば、皆さんが得られるはずの所得がどんどん減って、その分を国が得ているのではないか、という「国民から国への所得移転」が起こっているわけです。データに従ったまでですが、前章までで、近年の日本経済の〝異様な構造〟を少しは実感されたことでしょう。

その〝きしみ〟はあちこちで起きています。第2章で示したように、日銀は「マネタリーベース」（通貨供給量）を、かつての10倍規模にも増やしました。日銀が市中から国債を購入し、その代金を通貨として供給し続けているからです。2017年度中にも、日本のGDPに迫るほどの通貨が供給されそうです。

しかしながら、皆さんの所得が何倍にも増えたというデータなどいっさいありません。

2000年代に入ってから、「平均給与」は1割以上減りました（国税庁調べ）。

労働政策研究・研修機構（独立行政法人）は、「生涯賃金」（退職金を含めない）の推計値を毎年発表しています。大学卒の男性の場合、1993年のピークに比べて、2013年には「6300万円」近く減りました。リーマンショックの翌年の2009年と比べるだけでも、たった4年で1400万円以上減ったとしています。

ケインズの経済学を第3章で述べましたが、その理論は暗に「4階級」の人々を前提としていました。現役世代の給与生活者や、金利に頼る高齢者などが割を食っている点では、わが国の財政・金融政策は、ケインズの目指したところを忠実にたどっているともいえるわけです。

そもそも政策担当者は「財政危機」という大問題を抱えています。国の借金は、1000兆円を優に超えて、早晩、国内の金融資産で買い支えられなくなる日が近づいています。国債の利払い費を大幅に圧縮しつつ、国債自体を日銀に塩漬けにするという「非伝統的な金融緩和」を猛然と推進しました。

財政破綻は、「国債の暴落」か「円の暴落」という形をとって現れる恐れがあります。日本国債の暴落は、政府への信認が失われたという意味です。円の暴落は、日銀への信認の喪失を意味します。日本経済への信認を維持するためには、「経済の活性化」が必須の政策となります。それを「企業の増益」という形で達成していますが、ジレンマを解消できていません。

期待が政府のもくろみを阻止する

政府と日銀は、「物価上昇率2パーセント」の達成を錦の御旗としました。このインフレ目標を達成するために、日銀は大量に国債を買って、通貨量を増やし続けました。再インフレや通貨再膨張といった意味合いで、「リフレ」政策とも呼ばれます。

この政策によって、国民の「期待インフレ率」に働きかけようとしました。1年半から2年以内に目標を達成できるとしたのは、「マネタリスト」系の経済学者の助言に基づいていました。しかしいっこうに達成できていません。マネタリストとは、「貨幣至上主義者」といった意味で、1980年代以降の主流の経済学者です。

期待というのはほぼ推測の域にしかない概念ですが、どうして「期待所得」という考え方を採用しなかったのでしょうか。政府が無理やりインフレを巻き起こした際、「所得がたいして増えないで、生活を圧迫される」と予想する人々がかなりいるはずです。前章のデータのとおりです。そういう人々は、現在の消費をできるだけ控え、将来に備えた貯蓄を温存しようとするでしょう。

インフレとともに所得がまずまず増えると期待できるのは、正社員3300万人台のうち一部の人々です。一方、非正規労働者2000万人、高齢者3200万人は、インフレ率ほどには所得が増えないとの予想が大多数でしょう。自ら生計を支える立場の国民のうち、その過半数が、政府のもくろみと逆の生活防衛に走りそうなのです。

また企業の思惑も、けっしてひとくくりにはできません。金利が下がり続ける状況下で、インフレまで起これば、存亡の危機に直面する企業群があります。銀行や保険会社などが抵抗しました。そんな業界では、けっして株式市場や為替市場でのギャンブル同然の取引をおもにしているわけではありません。金利収入が経営の柱であるのに、インフレでその価値まで減じられれば、従業員の給料さえ払いきれなくなります。

金融機関も日銀のもくろみを阻止する

市中の通貨量が極端に増えると、超カネ余り状態となって、激しいインフレが起こる恐れがあります。日銀がマネタリーベースを急増させ続けても、金融業界は〝無言の防堤〟となったと思われます。日銀のバランスシート（貸借対照表）には、それが明瞭に表れています。日銀から10日ごとに発表されますが、ここに示したのは、略記しつつ端数を切り捨てた表6－1です。

表6－1　日本銀行のある日のバランスシート

資産		負債	
金地金	4412億円	発行銀行券	96兆1819億円
現金	1805億円	当座預金	309兆6168億円
国債	392兆1283億円	政府預金等	38兆4278億円
社債・CP等	5兆7623億円		
金銭信託	10兆5960億円	**純資産**	
貸付金	35兆2165億円	資本金	1億円
外国為替	6兆4646億円	準備金・引当金	7兆6308億円
その他勘定	7335億円		
資産計	451兆8576億円	負債・純資産計	451兆8576億円

（出典）日本銀行の公表データ（2016年）をもとに作成

わが国のマネタリーベースは「400兆円」を超えています。しかし日銀の「当座預金」には、金融機関が「300兆円以上」もの資金を〝塩漬け〟にしているのです。経営危機に備えるために預けておくべき法廷準備預金額は9兆円強にすぎませんので、それをはるかに上回ります。金融業界が、日銀の400兆円を骨抜き同然にしてしまったわけです。

金融機関もまた、ある種の「期待」もしくは予想を行います。400兆円以上ものハイパワードマネーが流れ出したとき、最悪のケースは激しいハイパーインフレです。もし物価が100倍にも急騰すれば、従業員100人のうち、たった1人分の給料しか払えなくなる事態に陥りかねません。断腸の経営判断であるともいえます。

そのようなわけで、異次元緩和から何年も経過しても、消費者物価指数は低迷を脱することができませんでした。市中のさまざまな期待なるものが、政府と日銀のもくろみを阻止し続けたのです。

産業革命期は良いデフレが続いた

政府は「つらく苦しいデフレ」と、国民の意識に刷り込むように発信し続けました。しかしながら、消費者物価指数は、1992年から2014年の23年間にわたって、「99〜103台」（2010年基準）の間で安定したままでした。2000年代に入って以降、2012年の「99・69」が最低値で、最高は2014年の「102・78」という、きわめて狭い範囲を上下していたにすぎなかったのです。

つまり「天国のような物価安定時代」が継続して、けっしてデフレとはいいがたかったわけです。国民は所得減を苦しいと認識していましたが、物価状況はあたかも〝干天の慈雨〟のような恵みだったということです。ただ借金まみれの政府は、借金返済の実質額が目減りしない状況が苦しかったのでしょう。

物価の下落が悪であるかのようにいわれますが、「良いデフレ」という状況が当然あり

図6−1　イギリスの1800年代の良いデフレ

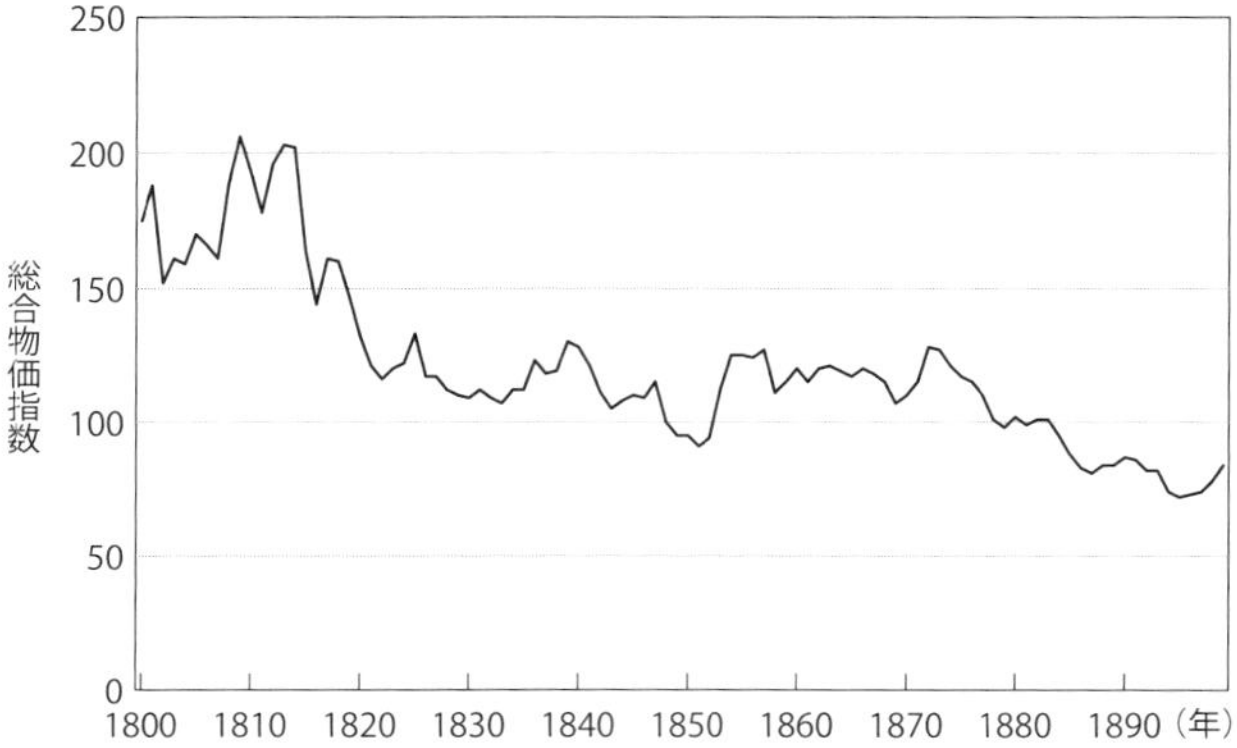

（出典）B. R. Mitchell『British Historical Statistics』（1988年）をもとに作成

えます。経済史においてもっとも華々しい変革期は、イギリスの「産業革命」時代でしょう。継続的な技術革新が、良いデフレの最大の原動力となったのです。

１８００年代のイギリスの物価状況をご覧いただきましょう（図６−１）。「ルソーの物価指数」と呼ばれる統計です。物価は１００年間にわたって徐々に下落しました。全体をならすと、年率１パーセント程度の下落でした。

当時は人口の激増期でした。国勢調査によれば、イングランドとウェールズの人口は、１８０１年の８８９万人が、１９０１年には３２５２万人にも激増しました。通常の常識なら、食料需要の急増によって、物価は激しく上がるはずです。それに完全に打ち勝つほどのデフレだったのです。１８７０年代以降の物価下落は、帝国主義的な植民地政策の影響も大きかったでしょう。

イギリスの産業革命は、１７００年代半ばに始まります。しかし初期の革新は緩やかでした。綿織物が毛織物の輸出を上回ったのは、ようやく１８００年代初頭になってからです。ワットの蒸気機関が実用レベルに達したのが１７７５年頃、１８００年にその特許が切れてから、急速に普及度を高めました。そんな産業革命が原動力となって、この世紀の経済成長を支え続けたのです。

ルソーの物価指数は有名です。しかしこの種のデフレ礼賛型のデータは、マスメディアにはほぼ出てこないようです。近年のわが国の「つらく苦しいデフレ」はほぼ政府による捏造《ねつぞう》でしょうが、マスコミによる世論操作かのような状況下で、日銀は異様な金融緩和を執拗に続けてきました。

ケインズ理論が対象としたのは、大恐慌時代の極端な不況とデフレですが、「1年に1割以上」といった激烈なデフレが何年か続きました。アメリカの失業率は「25パーセント」にも達したのです。それに比して、近年のわが国の経済状況は、何百兆円もの対策を講じるレベルなどではありえませんでした。

ヘリマネはインフレと副作用を招く

経済学者ミルトン・フリードマンが、かつて用いた表現に「ヘリコプターマネー」があります。政府と日銀がインフレ率を思いどおりに操作できないなか、わが国でこの言葉が聞こえ始めました。フリードマンは、マネタリストの総帥とみなされてきた経済学者で、古くからある「貨幣数量説」を信奉していました。

フリードマンは、「インフレは、いつでもどこでも貨幣的現象である」と、頑として主張し続けました。「貨幣量の増加が、生産量の増加を上回ると、インフレが起きる」という意味だとしました。彼自身はブレない経済学者で、その著書や論文はこの主張で一貫していると思います。

この通称「ヘリマネ」は、彼の1969年の論文に登場しました。著書『貨幣の悪戯《いたずら》』（1992年）でもその議論が使われています。

ある日、ヘリコプターが飛んできて、大量の現金をばらまき、世の中の通貨量を2倍に増やすという想定です。それを「異常な出来事」と表現していますが、要するにフリードマンが行った思考実験でした。

フリードマンはその結論として、「インフレを招くだけだ」と断言しています。物価上昇とともに、給料も上がります。しかし生産活動などには中立的で、長期的には名目値が変化するだけです。つまり貨幣量に比例するインフレにすぎません。これを「貨幣の中立説」といいますが、フリードマンは基本的にその立場でした。

しかし、世の中の調整が完了したとき、「生活が苦しくなる」との結論も付け加えています。個人は実質的な現金量という意味で、「手持ちの現金が、以前より少なくなる」と感じます。それとともに、生産よりも消費側の価格上昇率が高いため、「実質所得が低くなる」という点で、以前よりも貧しくなったと感じるのです。それが副作用です。

これほどはっきり明記されているにもかかわらず、近年の国内のマスコミでは、その見解をまともに伝えた記事は、非常に少なかったと思います。いささか驚くべきことでした。ほとんどの記事がインフレにすら触れません。もし触れた場合でも、表現を和らげているか、曖昧にしている記事が大多数でした。

毎日、何本も記事が出ましたが、「ヘリマネを実施か」と書くたびに、一瞬、株価が上がるばかりです。マネーゲーム用の流行り言葉にすぎません。そもそも金融情報系メディアに出る意見は、証券会社や投資銀行などのエコノミストによるものがほとんどです。年中書いているのは、株価を上げるための意見です。フリードマンの説を「知っていても、書かない」という方針がまかり通ったともいえるのでしょう。

もちろん「2000年代にデフレはなかった」という意見もまた、極端に稀なものでした。政府や日銀が、公式に「緩やかなデフレ」と宣言したため、マスコミはそれに対する反論を報道しようとしなかったのかもしれません。

貨幣数量説は成り立つのか

日銀が市中から大量の国債を買い続けても、金融機関はインフレに対する防波堤を築きました。その防波堤を突破しようとするのが、「市中に直接おカネをばらまく」という方法で、それがヘリマネです。政府は賛同する意見を喚起したかったようですが、そもそも結論がよく知られた議論です。結論をひた隠そうとも、実施するまでには至りませんでした。

通貨量を増やすと、インフレが起こるという、「貨幣数量説」が成り立つのかというと、かならずしもフリードマンの説どおりではありません。19世紀のイギリスについて述べましたが、当時、アメリカで「ゴールドラッシュ」が起こって、金貨が急増しました。それが19世紀中頃に起こったというのに、デフレ気味のままでした。「ハイパーインフレーション」という超インフレは、金と兌換《だかん》できない「不換紙幣」を用いるようになってからです。まさに近代以降の事件なのです。金貨や銀貨で支払っていた時代は、そこまで極端ではありません。

金銀時代でもっとも有名なインフレは、「ローマ帝国」時代でしょう。数百年間のうちに、金貨や銀貨の貴金属含有量をどんどん減らし、ほぼ純銀だった硬貨が、ついには銀メッキ製にまでなりました。半世紀ほどで物価が「約50倍」にも上昇したと伝えられています。

別の事例は16世紀、スペイン艦隊がアメリカ新大陸から金銀を強奪していた時代です。ヨーロッパで金銀の量が急増したため、100年間程度のインフレを招いたとされます。「価格革命」と呼ばれることがあります。

価格革命期のインフレ論の場合、ビジネス書などでは、まことしやかに大げさな話が書かれていることがあります。実際に食料価格は上がりましたが、それ以外の物価の変化ははるかに緩やかでした。ところが、ある地域の小麦価格の統計だけを使って、100年で物価が10倍のインフレとしていたりします。それでも年率2パーセント程度のインフレにすぎません。

もともと小麦価格は、作況によって大きく変動します。価格革命以前も、2年で3倍以上、20年ほどで5倍以上上といった価格差の年などがありました。アダム・スミスの『国富論』を見ると、1200年代には価格革命時より高騰した時期があって、平均価格は1200年代のほうが高かったとしています。

価格革命期の原因として、この時代を生きた人物の意見では、貨幣が改鋳されて、質が低下したことを主因とする説がありました。金利、賃金、地代がほとんど上がらなかったため、「金利生活者」や「賃金労働者」や「地主」が受け取る実質所得が低下したことも指摘されました。フリードマンの結論に通じるところがあります。

おもに食料価格が上がったのですから、「人口増加」の影響が大きいという見方もあります。ペストが14世紀に大流行して、ヨーロッパの人口は激減しました。16世紀はそれが本格的に増加に転じた時代だったのです。2倍近い人口増だったという説もあります。

物価にはさまざまな要因がかかわります。ヨーロッパが世界に進出した「大航海時代」の最盛期だったという要因は非常に大きいでしょう。「ルネサンス」も西ヨーロッパまで波及していきました。文明の大きな転換点に、消費が劇的に活性化されなかったはずがありません。また「戦争」だらけでもあり、それも物価に大きな影響を与えたはずです。そのような時代に貴金属量への需要と、それをまかなう供給が激増したのです。

公共事業から小さな政府へ

単なる貨幣数量説にはさまざまな異論がありますが、フリードマンは、ケインズ以後の資本主義経済学を代表する人物となりました。マネタリズムは、「新自由主義」あるいは「新保守主義」などともいわれます。しかし「新古典派」と呼ぶと、カバーする学派が広すぎるでしょう。

1970年代になって、「ケインズは死んだ」とまでいわれました。アメリカでは、公共事業を続けていると、国の財政赤字ばかりが拡大しました。しかし景気はいっこうに好転せずに、不況下でのインフレという「スタグフレーション」状態に陥ります。

この当時が非常に大きな転換点でした。1971年、ニクソン大統領は「ドルと金との兌換停止」を発表します。「ニクソンショック」や「ドルショック」と呼ばれました。その背後ではフリードマンが助言を行ったといわれ、通貨供給量を自在に調節できる時代を到来させたのです。そもそも拡大し続ける世界の経済規模に比して、有史以来、採掘された金の量は絶対的に不足していたのです。

引き続いて、1973年と1979年には、「オイルショック」が発生します。日本も原油価格の急騰に巻き込まれて、消費者物価が2倍にもはね上がりました。

政府が公共事業を行う財政政策よりも、中央銀行が金利や資金供給量を調節する金融政策の重要性が高まりつつある時代でした。金融政策によって、インフレを抑制しつつ、経済成長をも図るのが主流の政策の座を占め始めたのです。

フリードマンは、そんな政策の〝実績〟を築いてみせました。1973年、南米のチリで、軍が共産主義政権をクーデターで倒した際、激しいインフレが起こりました。そこでフリードマンが対策の協力に乗り出しました。1975年のことです。新政権は共産主義者を処刑したり、拷問していましたので、当初、彼はアメリカ国内で批判を受けました。

しかし、弟子たちなどが政権の要職に就き、経済の立て直しに成功します。政府支出を大幅に削減し、福祉政策を抜本的に見直したのです。結局のところ、政府支出はGDP比34〜22パーセントへ縮小されましたが、その半分が福祉費用の削減によるものだったとされています。

フリードマンは、その翌1976年にノーベル経済学賞を受賞します。実社会の経済への貢献が大きかった人物でしたが、学術賞ですから、過去の論文など、かなりさまざまな業績を並べ立てて授与されました。

フリードマン流の経済政策は、「小さな政府」と称されます。１９８０年代へ向けて、サッチャー英政権や、レーガン米政権が採用しました。その政策を要約すると、個人の自助努力を重視しつつ、さまざまな規制を撤廃します。福祉切り捨てともいえる低福祉で低負担、かつ自己責任型の社会を目指すのです。金融障壁が取り払われ、世界をマネー旋風が一気に吹き荒れ、格差拡大や富の偏在が顕著になっていきました。それを「自由で自立した社会」だとしたのです。

フリードマンの主張は詭弁だらけか

フリードマンの経済学は、詭弁だらけのようにも見えます。若い頃は、他の経済学者たちの批判ばかり受けて、彼の説は無視され続けてきたことは有名で、本人もいつもそれを吐露してきました。学界の多数派も詭弁同然とみなしたということでしょう。

典型的な説は、「世界大恐慌」に関して、「投機家たちに悪くなかった」、「悪いのに、金融引き締めを行った金融政策当局だ」とするものです。金融引き締めさえしなければ、あれほどの大恐慌にはならなかったと主張するのですが、はたしてそれは正しいのでしょうか。その当時に行われなかった政策に関する主張ですから、評価はなかなか難しいのです。

ただ、2008年の「リーマンショック」の際、その説に忠実に従ったのは、FRBの議長を務めていたベン・バーナンキでした。彼はフリードマンの信奉者です。FRBはアメリカ国債を買いまくり、大量のドルを市場に供給し続けました。ほどなく株式市場は息を吹き返し、過去の最高値を上回りました。彼は以前に奉られた「ヘリコプター・ベン」という異名のままに振る舞いました。

しかし、バーナンキがばらまいたカネは、いまだに回収されていません。いつか後始末が済んだとき、フリードマンの説が真に正しかったか否かが検証されるでしょう。

レーガン政権が誕生したとき、フリードマンの『選択の自由』という本がベストセラーになりました。「他人のカネで他人のために働く政府より、自分のカネで自分のために働く民間のほうが、真剣で効率的なのは明らかだ」という立場でした。誰もが利己的に振る舞ったほうがうまくいく、というアダム・スミス流の経済学です。その背後には「弱者切り捨て」が暗黙的に潜んでいました。

道徳哲学者でもあるアダム・スミスは、「利害関係のからんだ詭弁」を批判しました。

経済社会においては、詭弁は避けがたい宿命でありうるからです。たとえば「貿易保護政策」といえば聞こえがいいですが、高関税などのせいで消費者は高く買わされます。消費者に対する「搾取」に相当する政策なのです。

フリードマンの学説は、そのアダム・スミスから「道徳を取り払った理論体系」だというべきでしょう。アダム・スミスと同じ結論も得られますが、経済を暴走させる危険性を極端に高めかねません。

フリードマンの『資本主義と自由』には、政府が手を引くべき14政策のリストを列挙しています。農産物の買い取り保証も、輸入関税も廃止です。最低賃金も物価統制もありません。企業への規制をいっさい取り払い、すべて市場に任せればうまくいくというのです。社会保障制度、特に老齢・退職年金制度は廃止して、自助努力型の制度に変更です。郵便事業、公営住宅、有料道路も民営化に移行させます。

ケインズ型の公共事業を批判して、「政府支出を100ドル増やすと、民間支出が100ドル減る」と主張しました。その論旨が正しいかどうかの判断は、皆さんにお任せします。フリードマンは学生に実証研究を行わせて、裏づけたとしています。実は本書の第3章の最後に載せたグラフ（図3－1）も、フリードマンのこの仮説の実証例となっています。経済問題においては、何が詭弁で何が正論かは、非常に難しい問題なのです。

アメリカ経済の結末を問う

では、フリードマンの経済学は、はたして成功を収めてきたのでしょうか。データに語らせるのが科学的な方法です。百万言を弄するよりも、百聞は一見に如《し》かずでしょう。

アメリカ・中国・日本・ドイツという4ヵ国の「名目GDP」の推移を図6-2に示しました。1980年以降のデータです。欧州連合（EU）を表示したいところですが、加盟国数が変化するのと、1980年には存在していなかったため、ドイツで代表させました。

アメリカ経済はもうとっくにダメだというのが、皆さんのおもちの常識だったかもしれません。しかし図のように、恐るべき成長性を示し続けてきました。特に1990年代半ば以降、成長力を持続しえたのは、「マネタリズム」とともに、「情報通信ネットワーク」の覇者となりえた産業政策の貢献が大きかったのでしょう。世界のネットワークビジネスで、非常に大きなシェアを獲得したのです。

一方、フリードマン流の新自由主義あるいは新保守主義のもと、アメリカの膨大な資金

図６－２ アメリカ・中国・日本・ドイツの名目ＧＤＰの推移

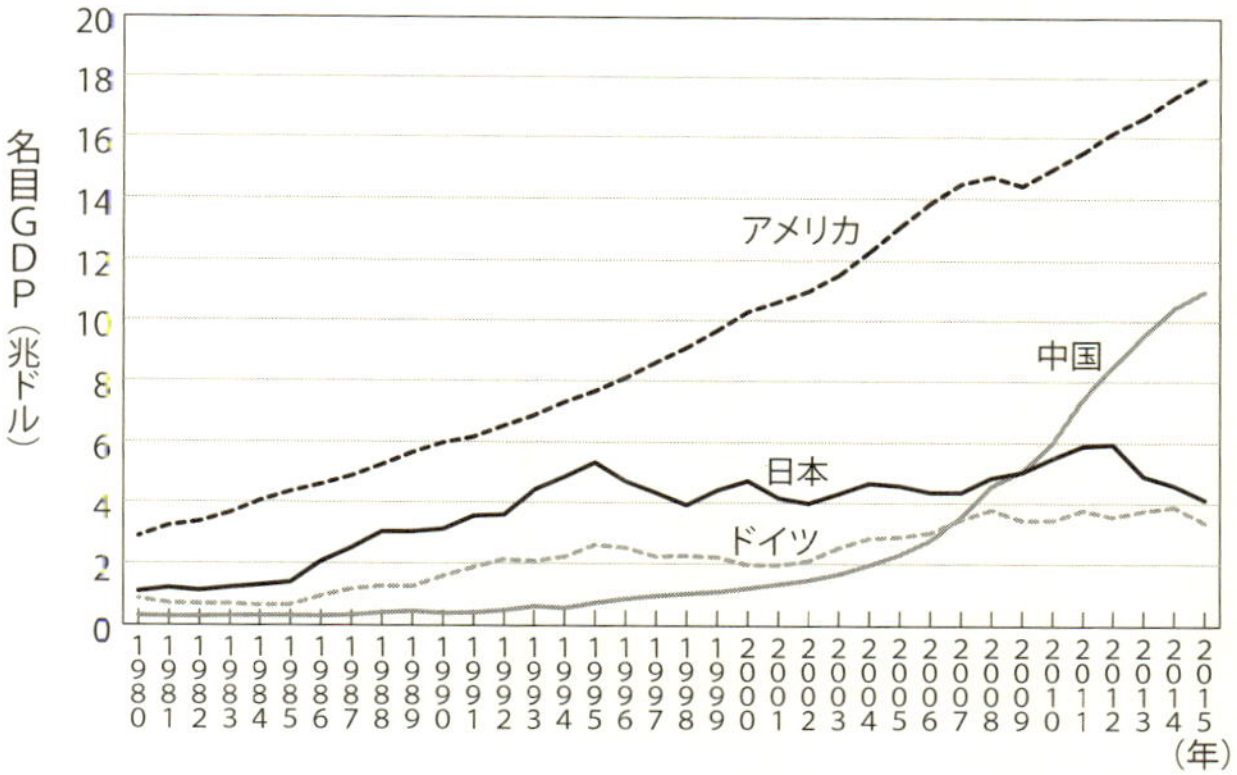

（出典）ＩＭＦの公表データをもとに作成

は、グローバル化した世界を駆け巡り続けました。成長する「新興国」に投資することによって、その潤沢な果実を得ました。しばしば新興国に経済危機を仕掛け、ヘッジファンドなどが荒稼ぎをしたとも推測されます。

近年は、産油国など「資源国」が、資源価格の暴落によって苦境に陥っています。まるで資源国つぶしかのような様相を呈しました。産油国を弱体化させるための、一種の〝宗教戦争〟かという見方もあります。しかし最大の暴落は「石炭価格」でしょう。ダウ・ジョーンズ指数によれば、２００８年の高値「７４８・94ドル」が、２０１６年の安値「11・22ドル」まで大暴落したのです。

ＥＵ各国の経済政策は対照的で、福祉にも

目配りを利かせた「社会民主主義」系が主流です。地球環境重視の姿勢も鮮明にしてきました。しかし、極端にドライなアメリカに比して、この期間の成長力が明らかに劣っています。弱体国までEUに加盟させたため、2010年のギリシャ危機以降、経済再生にも苦しみました。マイナス金利を率先して導入するなど、マネタリズムへの傾斜も強めざるをえませんでした。

他方、日本は相変わらずケインズ型の「経済政策」を重視しつつ、さらにマネタリズム型の「金融政策」を大規模に折衷しています。加えるに人工知能などの技術革新による「成長政策」をも模索していますが、目立った成果が得られません。

しかも中国の成長力があまりにも大きかったため、日米欧は戦々恐々の日々でした。中国は急速に工業立国化をなし遂げるとともに、圧倒的な石炭生産量などを誇る資源国です。かつて日本の経済力がアメリカに迫り始めたとき、アメリカがそれを突き落としたような〝事件〟が起こるかどうかは未知数です。

このグラフを見ると、アメリカ経済は、今後たとえGDPが半減しても、この期間の勝者であったといえるでしょう。しかし早晩、中国に抜かれる可能性があります。またその成功は単なる〝あだ花〟かもしれず、経済倫理を失って暴走する社会の末期症状にすぎないのかもしれません。

その結末を問うため、次章では純粋に科学的な視点をもとに、「破綻」という問題を考えてみましょう。フリードマン流の経済学に欠けていた考え方です。

第7章　崩壊のブラックスワンはいつ来るのか

――破綻確率は想定外に高い

複雑に流転する万物の科学とは

科学の研究は、「仮説」の設定から始まります。偉大な科学の場合、その仮説は常識の範囲をはるかに超えることがしばしばです。「リンゴが落ちるのも、太陽や惑星など天体の運行も、すべて同一の法則に支配されている」と想定したのは、アイザック・ニュートンでした。そもそも天体の運行は、まだまだ神の領域だと考えられていた時代でした。

では、経済学はそんな科学と呼べるほどのレベルでしょうか。アダム・スミス流を「(神の)見えざる手」と呼ぶなら、フリードマンはそれをさらに極端に推し進めようとしました。「市場の利己心に全面的に任せる」ことによって、経済はもっとも効率的になり、成長を遂げ続けるとしたのです。

科学の目から見れば、「論」ではあるにしても、まだ「学」ではない、と一太刀浴びせたくなるでしょう。理系流の「精密科学」――すなわち「定量科学」であって、かつユークリッドの幾何学並みに論証可能なレベル――には達していないからです。たとえ経済学者が百万言を費やそうとも、現実の経済を十全に説明できる学には達していないでしょう。

ニュートン力学に代表される物理学の世界に比して、経済という対象は得体の知れないものです。決定論的ではない――すなわち確率を伴った理論が必要にもなりうるでしょう。しかも影響を考慮すべき要因が多すぎるため、少変数で記述しようとする従来の科学と比べて、あまりにも複雑なのです。

この章の内容は、そんな問題に入っていきます。数式は用いませんが、生まれつつある先端科学から、「自由市場の経済」を見るとき、フリードマン流の経済理論の困難な側面が浮き彫りにされてくるでしょう。本来は極度に数学的なテーマですので、おわかりにならない部分があっても、ムードだけ味わっていただいて結構です。

この新しい科学は、手法を従来の物理学にならっています。すなわち大胆な仮説を抱きつつ、ニュートン以来の伝統として、かなりの〝極端〟を追究します。物理学では、電波望遠鏡で観測すべき大宇宙というマクロ、電子顕微鏡で観察するほどの素粒子レベルのミクロ、さらに超低温や超高温などを研究することによって、大きな進歩を遂げてきました。それと同様の手法です。

新たな極端は、「複雑さ」だといえばよいでしょう。総称すると「複雑系」とも呼ばれます。比較的最近になって研究が盛んになりました。いまだ発展途上であるのと、研究が玉石混交であるため、うさん臭いと思われることがあります。しかし極端を追究するという視点で、物理学という王道の学の成功と、実は同一の科学方法論に基づいているのです。比喩としていうなら、「万物の流転」の研究が特に興味深いでしょう。経済学分野では「動学」に属します。しかし「生物の進化」と「自由市場」との共通法則は何か、というほど高い視点からの研究です。生物が絶滅する宿命を逃れられないのなら、自由市場もときに崩壊の危機に直面するか、という問題を含んでいます。

広範な現象を生む未知の法則性

さまざまな対象における共通の法則性を観察すると、多様な分野で同様の発見がなされてきました。しかも一貫した説明法が未知であるという法則性です。経済学者ビルフレド・パレートの「80対20の法則」という初期の例もありました。

信頼しうる最初の実験データを示したのは、物理学分野でした。「オーディオ機器」を対象とした研究でした。1920年にラジオの本放送がアメリカで始まりました。その雑音を分析して、ジョン・B・ジョンソンらが「ジョンソン雑音」を発見したのです。この分野のデータは、周波数が6桁や7桁にも及ぶほど確固たるものです。

ところが、思いがけないほど広範な分野で、同様の法則性が発見され始めました。言語学者ジョージ・ジップは、「日常言語」の中にもそっくりの現象を見いだしたのです。「ジップの法則」と呼びます。彼はこの問題をライフワークとして、さまざまな分野のデータを研究しました。このグラフ（図7－1）は「大都市の人口分布」という実例です。1940年時点のアメリカの大都市の人口を、多い都市から順に並べたものです。

図7－1　大都市の人口分布（1940年のアメリカ）

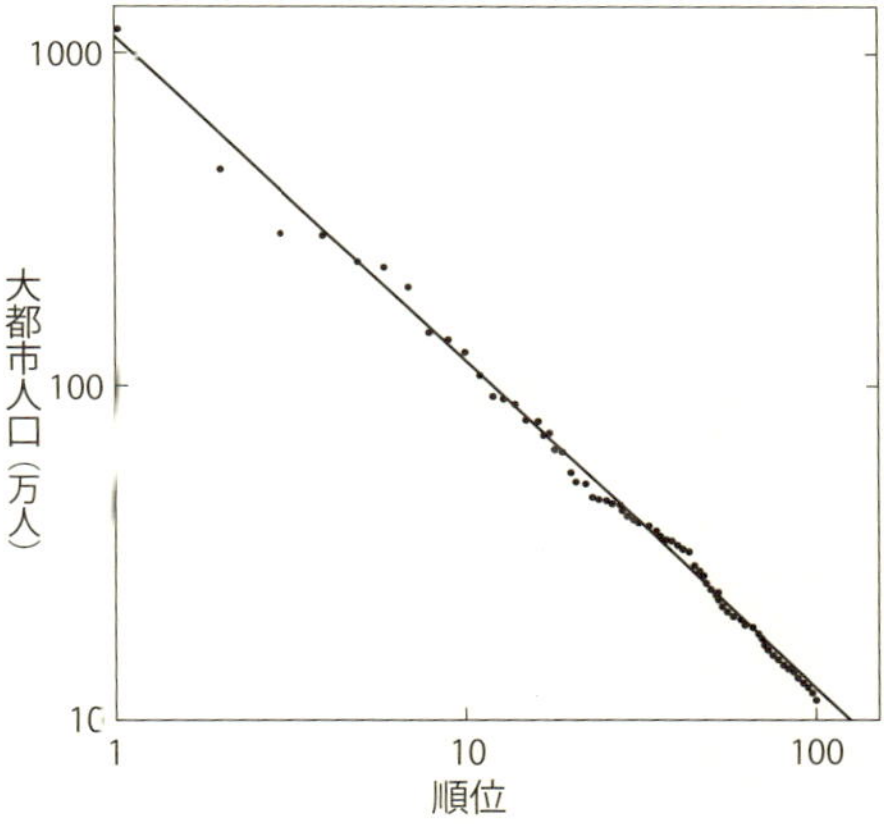

（出典）G. K. Zipf『Human Behavior and the Principle of Least Effort』（1949年）をもとに作成

縦軸も横軸も「対数目盛り」を用いています。すると人口分布は右肩下がりの直線上にほぼ並んでいます。ノーベル経済学賞受賞者として知られる、ポール・クルーグマンの研究グループでも、この人口分布問題に興味をもちました。このグラフでは、直線の傾きが「マイナス1」ですが、問題によっては傾きが異なる場合があります。

「両対数グラフで、傾きがマイナスの直線」という分布が、非常に重要な意味をもっています。初期の数学的な研究では、ブノワ・マンデルブロの「フラクタル理論」が有名です。「自然界の不定形状（大陸の形や、雲や炎など）」を、コンピューターグラフィックスで模擬する際に役立つ理論です。そんな幾何学分野の問題にも関係するのですが、実は経済学分野における「暴落理論」としても主役を演じているのです。

株式市場に出現するブラックスワン

このようなグラフ形状を、「べき乗則」や「スケーリング則」などと呼びますが、用語が専門的すぎて、こなれた表現ではありません。しかも多様な分野で発見されてきたため、呼称が多すぎるという問題がありました。

そこで近年のビジネス書などでは、「ブラックスワン現象」という通俗的な呼び方がよくなされるようになりました。「事前にほとんど予想できないが、起きたときの衝撃が非常に大きな現象」という意味合いを強調しています。白鳥より黒鳥のほうがはるかに少ないというだけの理由で、文芸評論家が命名しました。その著書は科学者が推奨できるレベルのものではありませんが。

典型的な対象として、「株式市場」の値動きを考えるなら、べき乗則理論の専門家は、

図7－2　ダウ平均株価の下落率ランキング（1896年7月―2016年9月）

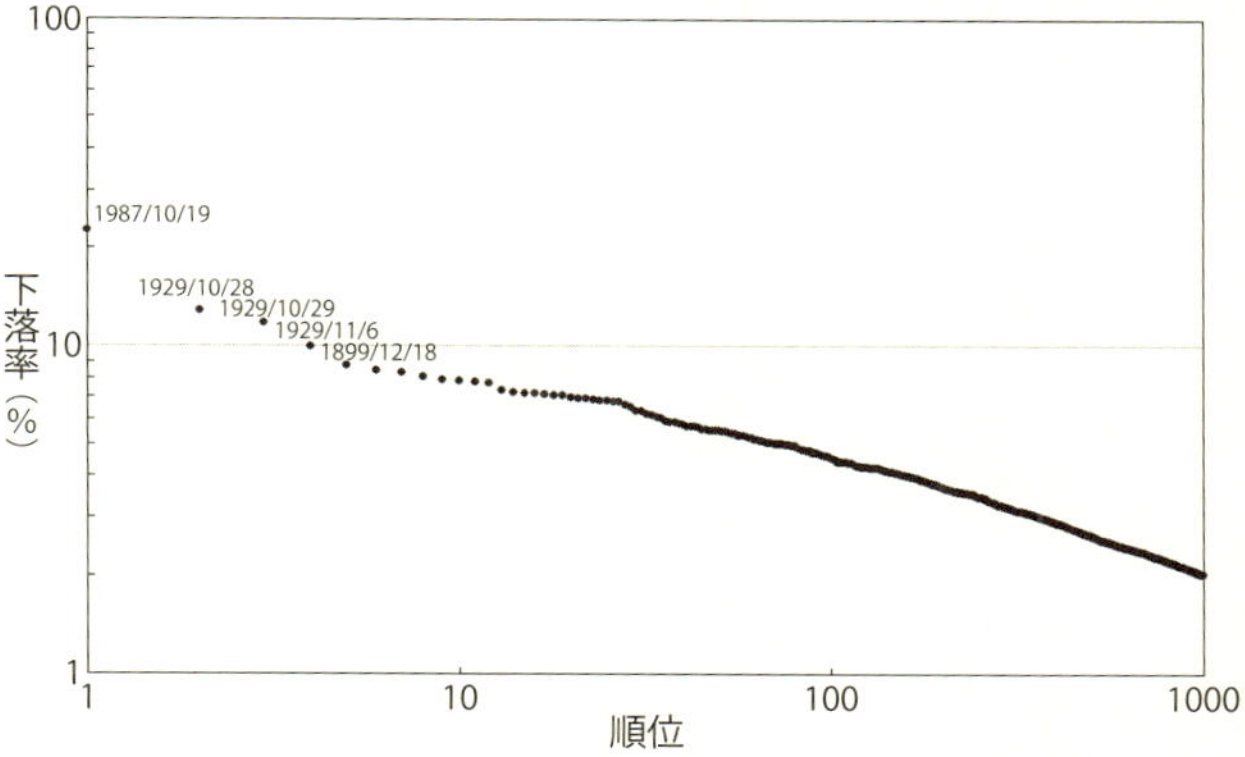

（出典）ダウ・ジョーンズ社の公表データをもとに作成

株式市場はこの種の暴落を発生させるだろうと予想するでしょう。ただしデータの性質上、純然たるべき乗則グラフではなく、べき乗則成分を含んでいる程度のデータだろうと想定します。

では経済学者はというと、この分野がいまだ発展途上であるためか、まだまだ研究が手薄であるようです。かなり探しましたが、株式市場に関して納得できるデータを見つけられませんでした。

そこで私が自作したグラフ（図7－2）をお見せします。できるかぎり信頼性の高いグラフとするためには、データ量がかなり多くなければなりません。ダウ平均株価の全期間120年以上を対象としてみました。201

6年9月末までの終値ベースで、前営業日からの下落率のランキングをグラフ化してお示しします。1万5000日余りの下落日を対象としていますが、第一次世界大戦期の長期休場期間の前後のみを除きました。

このグラフでは、下落率の大きさの順に、1000番目までを並べて、両対数表示を行っています。直線近似を当てはめてもよいのですが、判断をそれに引きずられることがないように、生データのままとしました。かなり直線性があると思われるなら、ブラックスワンというべき暴落現象が株式市場では出現しうるのです。

歴史上、前営業日からの最大下落率は、1987年の「ブラックマンデー」におけるもので、終値ベースで「22・6パーセント」でした。それに引き続く2位から4位までは、すべて1929年の「世界大恐慌」時のものでした。

上位にこれほど大きな下落率が並ぶことが、暴落理論の観点では重要です。現実には値動きに影響を及ぼす要因があまりにも多様なため、1万番目までにかなり直線からずれます。しかし1000番目の下落率がすでに1・99パーセントにすぎませんので、それ以降はごく日常的でランダムと呼ぶべき値動きだとみなせます。

ベル型分布よりはるかに暴落確率が大きい

このブラックスワン型の事象には、著しい特徴があります。「スケーリング則」や「自己相似性」といいますが、先ほどの人口分布のグラフ（図7－1）の場合が、直観的にわかりやすいでしょう。

1位の都市の人口に比べて、10位の都市の人口はほぼ10分の1になります。同様に100位の都市の人口は、10位のものの約10分の1です。順位を10倍すれば、人口はいつも10分の1になるという法則性があるのです。

あるいは見方を変えて、プロットされた点の数を考えると、10倍の人口をもつ都市の数は、10分の1ほどだという関係もわかります。つまり人口10倍の確率は10分の1、人口1000倍の確率は1000分の1と見積もれるという関係です。わからない方は、この関係を鵜呑みにしていただいてもかまいません。科学系の思考法の特徴は、図やデータや数式などを見ながら、自己解決していくことにあるからです。

ダウ平均株価のケースでは、直線近似を当てはめた場合、傾きは「マイナス4分の1」程度です。つまり、確率10分の1になると、下落率が1・8倍程度だということを意味します。

　他方、非常にポピュラーな確率分布として、「正規分布」があります。図7－3のようなベル型のグラフとなります。教育分野などで耳にする「偏差値」は、このグラフのモデルを用いていて、ピークの偏差値を50としつつ、そこからどれだけずれているかを数値化しています。

　コイン投げを何度も繰り返したとき、表と裏の回数のずれは、このグラフで表現できるデータの典型例です。グラフのピークが表裏同数の位置です。整数値のみを用いるデジタル数学（離散系）の場合は、「二項分布」と呼ばれます。

　コイン投げという例で述べると、たとえば10回連続で表が続く確率は、「2の10乗分の1（約1000分の1）」だということがわかるでしょう。20回連続は、「2の20乗分の1（約100万分の1）」にまで激減します。正規分布

図7－3　正規分布の形状

著者作成

では、平均からずれると、確率が「指数関数」的に減少するのです。指数性の精密な計算は実は面倒で、正規分布を表現する数式が正しい関係となります。

一方、ブラックスワン型の場合は、減少の仕方がはるかに緩やかです。人口分布のケースを繰り返すと、10倍多いのはほぼ「10分の1」の確率、20倍多いのはほぼ「20分の1」の確率にすぎません。近似的に「x分の1」型、つまり「反比例型」になります。株価のケースはほぼ「xのマイナス4分の1乗」型になるのですが、ほとんどの方は考えたくもない数式でしょう。

重要なのは、指数関数型の確率は非常に急速に減少するが、ブラックスワン型ははるかに緩やかだという点です。確率が緩やかにしか減少しないということは、「株価が暴落する確率は、正規分布で想定するよりも、はるかに高い」ことを意味しているのです。

ヘッジファンドLTCMを襲った惨事

このべき乗則あるいはブラックスワンと呼ばれる現象を知らなかったために、大事件が起こったことがあります。アメリカの有名なヘッジファンドが破綻したのです。

確率・統計の専門家なら、その事情を斟酌《しんしゃく》できないではありません。株価のべき乗則

図7-4　1万回のコイン投げの記録例

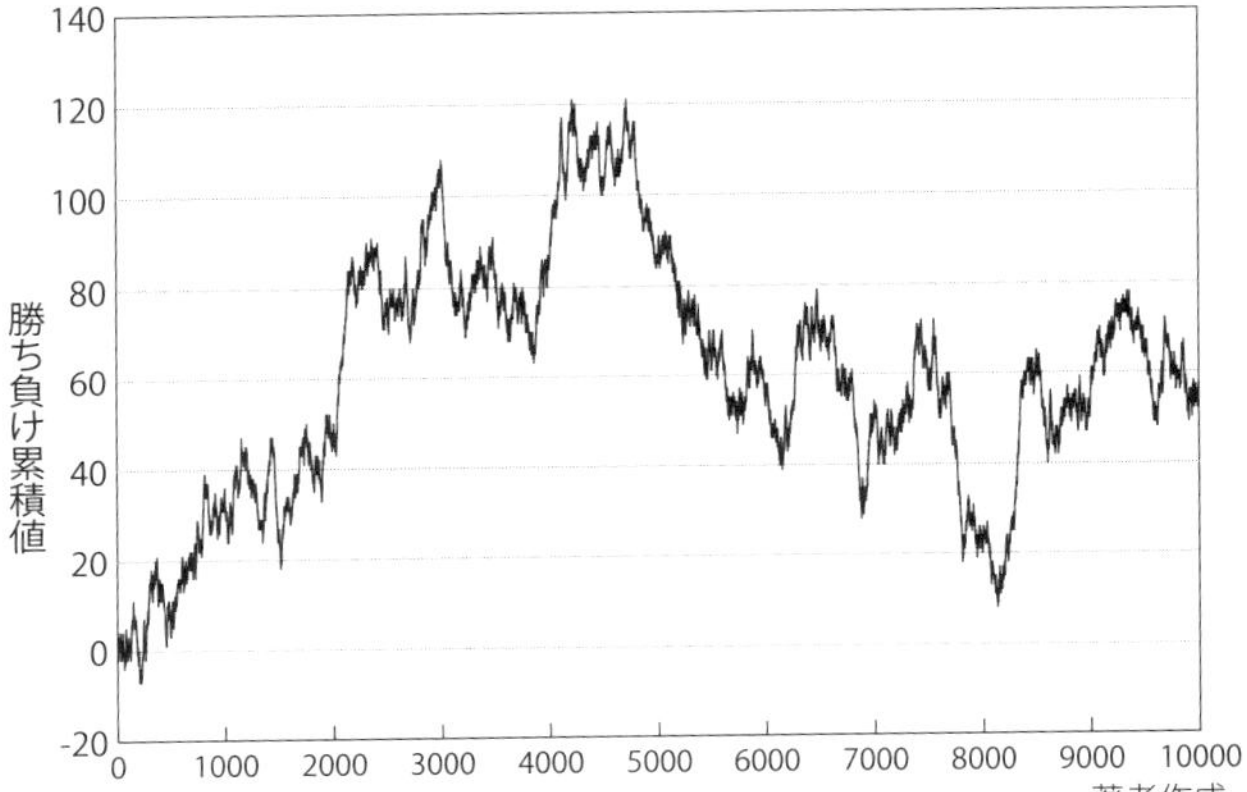

著者作成

性はなかなか気づきにくいからです。図7-4に示したグラフは、ほとんど株式市場の値動きに見えるかもしれません。しかしこれはコイン投げを、コンピューターで模擬的に行わせた結果の一例にすぎません。表ならプラス1、裏ならマイナス1として、1万回分の累計をたどったものです。つまりベル型分布に基因するグラフなのです。

このグラフは、皆さんの常識である「大数の法則」と、あまりにも食い違っていると感じられるかもしれません。それは「ゆらぎの法則」を同時に考えていないからです。単なるコイン投げでも、投げた回数の「平方根」程度のゆらぎを生じます。1万回のコイン投げなら、100程度のゆらぎが起こっても正常な範囲なのです。

ところが、金融市場をこの単なるコイン投げ型でモデル化したために、〃大惨事〃に見舞われた経済学者たちがいました。ロバート・マートンとマイロン・ショールズです。「ブラック・ショールズ方程式」といいます。「オプション取引」のいわば必勝法だという触れ込みでした。この方程式に名を残すフィッシャー・ブラックは、気の毒にも2年前に他界していました。

彼らはその理論「デリバティブ（金融派生商品）の価格決定法」で、ノーベル経済学賞まで授与されました。1997年のことでした。しかしこの理論は、ブラックスワン現象をモデル内に組み込んでいなかったため、実は非常に危ういものだったのです。

数学面で補足しておきますと、彼らは微分積分というアナログ数学（連続系）で理論化しました。実はアナログ数学では、数式内にブラックスワンを組み込めないのです。「x分の1」型の関数は、積分すると無限大に発散するという難点があります。しかし確率分布の資格を満たすには、定義された全区間の積分が1にならなければなりません。

その難点を克服するには、デジタル数学で理論化する必要があります。私はブラックスワン現象の厳密式を証明するために、「セルラーオートマトン（多細胞型自律機械モデルの意）」という有限デジタルモデルを用いました。求めた厳密式は、x分の1という反比例に対する補正項が必要ですが、近似式でない双曲線を導けました。もし彼らがそんなデジタル数学を扱えたなら、金融市場をもっとうまく理論化できたかもしれません。

しかしマートンとショールズは、理論の本質的な欠陥に気づかないまま、「ロングターム・キャピタル・マネジメント（ＬＴＣＭ）」というヘッジファンドの設立に参加しました。１９９４年のことでした。「長期資本管理」社といった社名です。数年間は非常に順調に業績を伸ばしました。１年目の収益率は43パーセント、２年目も41パーセントにも上るという目覚ましいハイペースでした。

しかしノーベル賞を受賞した翌年、ＬＴＣＭはブラックスワン型の暴落に襲われます。ほぼ必勝法だからとタカをくくり、30倍を超えるような「レバレッジ（テコの効果）」を効かせた運用を行っていたのです。１９９８年は、アジア通貨危機が続き、ロシアがデフォルト（債務不履行）に陥りました。ＬＴＣＭは、ロシアの破綻確率を「１００万年に３回」と推算しましたが、そんなベル型予測は悲惨な結末をもたらしただけでした。

世界を駆け巡った激震で、ＬＴＣＭはその理論の致命的な欠陥を露呈することになり、あっけなく清算に追い込まれました。ショートターム・キャピタル・ミスマネジメント社にすぎなかったと揶揄されたのでした。

情報把握で暴落を乗り切れるか

科学が主役を演じる話に慣れない方には、かなり難解だったかもしれません。「株式市場の暴落は、常識で想定するよりも、はるかに起こりやすい」と要約しておきます。ノーベル経済学賞の受賞者たちでさえ、その陥穽《かんせい》に落ち込みました。そんな暴落を「ブラックスワンが来た」などと、比喩的に表現するわけです。ただし確率理論ですから、起こりやすさはわかっても、いつ来るかを特定できるわけではありません。

しかも、たとえこの理論を聞き知った人々にさえ、近年の金融市場では〝楽観論〟が蔓延しがちかもしれません。その考え方の例は、FRB議長を務めたバーナンキにならうものです。「市場の正しい情報さえ把握できれば、暴落は乗り切れる」という主張を信じるのです。

同世代の人々の記憶に残る大暴落は、1987年の「ブラックマンデー」と、2008年の「リーマンショック」でしょう。前者は、当時のFRB議長だったグリーンスパンが乗り切りました。主因をコンピューターによる「プログラム売買」だと指摘したのです。

偶然の下げに釣られて、自動売買プログラムがナダレ的に売りを行ったにすぎない、と発表しました。その見方が市場に受け入れられて、暴落は即座に沈静化しました。

一方、リーマンショックの際には、低所得者向けのサブプライムローンなる住宅ローンが、無数の証券に組み込まれてしまって、全容がほとんど把握不能な状態でした。つまり正しい情報を把握しきれなかったのです。「わからないから、リスクを避ける」という行動が支配的となり、売りが売りを呼び続け、容易に暴落を沈静化できませんでした。

この考え方で楽観できるか、あるいは詭弁の類にすぎないか……、科学者側は、それを危ういとする人々が多数派でしょう。正しい情報を把握しにくかったリーマンショックという実例が現に存在します。あるいは、「正しい情報で、暴落に対処できない」状況がけっして存在しないことを立証できていないからです。

近年のアメリカの株価は、1985年以降、「約15倍」に上昇したというグラフ（図1-2）を、第1章でお目にかけました。その間に、アメリカのGDPは「4倍余り」に成長したというのが、前章末のグラフ（図6-2）でした。

では、世界大恐慌時はというと、1900年初頭、ダウ平均株価は68ドル程度で始まり、1929年、「5・7倍」程度の380ドル台に達して暴落しました。同期間に、名目G

NPは「5・5倍」まで成長していました。ほぼ経済成長に沿った株価上昇だったのに、「89・5パーセント安」まで下落したのです。

金融市場のブラックスワン現象には、さまざまな「外的要因」が大きくかかわってきます。大恐慌時をはるかに上回る株価形成という事実は、市場関係者に大きな懸念を抱かせます。しかも、政府が異様なまでに株価上昇に関与するとき、暴落という反動が非常に大きなものとなりがちなのです。

フランス王政はミシシッピ・バブルで倒れた

歴史をさかのぼると、過剰なリスクを伴う仕組みを採用したり、通貨をばらまきすぎると、高い確率でブラックスワン現象に見舞われる傾向が強いのです。第2章で述べた「信用創造」でさえ、初期の銀行家の頭にはありませんでした。1657年に、スウェーデンのストックホルム銀行で採用され始めたといわれます。

歴史上、最大規模のブラックスワン現象を象徴する人物は、スコットランドのジョン・ローだといっても過言でないでしょう。銀行家の息子でした。決闘による殺人で死刑判決を受けましたが、脱獄し、流れ流れてついにフランスで太陽王ルイ14世の宮廷に取り入ることに成功しました。18世紀初頭、フランスは極度の財政難にあえいでいました。そこへ、カネを生み出す〝魔法〟の構想を持ち込んだのです。

大枠のみを簡略化して述べますと、アメリカ新大陸との「独占的貿易会社」と、「発券銀行」とを一体化した仕組みを提案しました。単なる紙切れによって、政府債務を帳消しにしようとする金融上のトリックです。「ミシシッピ会社」という会社を設立して、すでに暴落していたフランス国債と、その会社の株式との交換に応じたのです。ローは同社と発券銀行の両方の総裁に就任しました。

当時、フランス王室を継いだのは、わずか5歳で即位したルイ15世という時代でした。廷臣に取り入ったローの思うがままの政策を実施できる状況下でした。しかもミシシッピ川流域は、現在のアメリカ合衆国の4分の1近くを占める巨大な未開地帯でした。大変な投機心を呼び起こしたのです。

国家と独占的企業が一体になったも同然の仕組みですから、なんとでも有利に見せかけることができます。ミシシッピ会社にあらゆる特権を付与しては、株価を不断に押し上げ続けました。年40パーセントもの配当といっても、国が紙幣を刷るだけです。ミシシッピ株を担保にして、国民にどんどん融資も行いますので、ますます資産バブルが激化します。

株価はついには20倍以上にまで高騰しました。

これは一種の「リフレーション（通貨再膨張）」の仕組みだったといわれます。フランス国債の借金は、株式という債務返済の義務がない証券にすべて転換されてしまいました。しかし実はミシシッピ会社のアメリカ開発は、ほとんど進展していませんでした。ヨーロッパの歴史的な「三大バブル」（他の二つは、チューリップ・バブルと南海バブル）の一つだと位置づけられていますが、そのうちでもっとも規模の大きなバブル劇でした。

１７１９年にはその株価が下落し始めます。通貨を無際限に発行し続けたため、インフレも加速していました。極度のバブルの後始末をしないまま、ローは１９２０年末にイギリスへと逃亡しました。

この「ミシシッピ・バブル」は、やがてフランス絶対王政の命運を断つことになったといわれています。歴史上、まさに最大級のブラックスワン現象でした。１７８９年7月14日、市民革命によってフランス王政はついに倒れます。現代へと続く「近代社会」を成立させたのです。パリには「フランス革命」を象徴する三色旗が翻りました。

極度のブラックスワンを招いた大戦争

その後、破滅的なブラックスワン現象としては、特に世界大戦とともにあった大事件を教訓とすべきでしょう。

第一次世界大戦後、敗戦国ドイツは、GDPの約2・3倍規模、国家予算の20倍にも上る賠償金を課されたため、経済が大混乱をきたします。ハイパーインフレが起こり、マルク紙幣は「1兆分の1」に通貨単位を変更せざるをえませんでした。

また第二次世界大戦後、ハンガリーにはソ連が進入してから経済が混乱し、「10垓《がい》ベンゲー」という紙幣まで発行されました。「垓」は1兆の1億倍という桁です。両国とも記録的なハイパーインフレに見舞われて、通貨価値が大暴落したのです。

「戦争の経済学」については、私の『21世紀の経済学』では、史実に裏づけられた話をかなり詳しく述べました。いわば〝20世紀のジョン・ロー〟とでも呼ぶべき事件のいろいろでした。エピソードの詳細は同書をご覧ください。

陰惨きわまる歴史的事件の一つは、もちろんナチス・ドイツの恐るべき策謀の数々です。ハイパーインフレ以降、アドルフ・ヒトラーが国民的な人気を一身に集め始めました。国民は彼を熱狂的に支持しました。ケインズまでがだまされて、ナチスの政策を絶賛しました。景気は劇的に良くなり、失業は解消され、福祉も充実し続けました。第一次世界大戦の敗北で追い込まれたどん底から、ドイツ国民は華々しい復活を実感したのです。

しかし訪れた好景気は、まったくの〝粉飾経済〟にほかなりませんでした。ドイツ国債を発行する信用度さえなかった当初、国家が怪しいダミー会社をつくり、手形を乱発します。やがて国債を発行できるようになっても、中央銀行がそれを直接買い込むのです。要するに、輪転機を回しさえすれば、いくらでも通貨が生み出されるという仕組みでした。ユダヤ人を大虐殺し、その財産を没収したり、強制労働に就かせたことは、ここで述べるまでもないでしょう。第二次世界大戦を引き起こし、他国へと激しい侵略を行いました。

その戦費は、戦前のＧＤＰの「７倍」規模にも達しました。近年のわが国の借金が、ＧＤＰの２倍半程度ですから、その極端な異常さがおわかりになるでしょう。戦後、西ドイツ側で決定された措置では、国民の預金が「93・５パーセント」もカットされました。

当時の日本政府もまた、幾多の詐術を弄し続けました。国債の日銀引き受けはもちろんのことで、大戦末期には、軍事費が国民所得の「97・７パーセント」にも達したのです。ところがそれは歳入側の数値にすぎず、歳出側はさらにその「４倍以上」にも膨れ上がっていました。

トリックとして案出されたのは、「預け合い」という仕組みでした。日本と中国の間で、日本の植民地だった朝鮮半島を介しつつ、おカネを預け合うのが表向きの取引でした。しかし預け合いを行うたびに、おカネがコピーされていくという、悪質きわまる〝手品〟だったのです。真の戦費は、国民所得の「10倍」を超えたといいます。

詐術の矛盾はほとんどすべてが中国に押しつけられ、中国では戦時下に２００万パーセントものハイパーインフレが起こりました。現在も続く中国との微妙な関係の大きな原因となったのです。もちろん日本国内でも、戦後に物価が１００倍以上に高騰して、日本人もまた過去の蓄えのほとんどを失いました。

異常な政策は暴落の報いを受ける

過去の歴史を振り返ると、実体経済と無関係に、異常な政策によって引き起こされたバブル経済現象は、その後に非常に大きな禍根を残します。国民が長く苦しんだり、旧体制破綻の危機にも直面するのです。

ブラックスワン現象の背景にある科学は、経済社会や生物の進化などをひっくるめて、なんらかの「共通法則」の体系内にある、という大胆な仮説を設定しています。その共通法則は、ある種、自然界や実社会の「自然な発展状態」を示唆しているのかもしれません。ほどほどの適温状態といったものです。「適応系」という言葉がしばしば用いられます。

技術革新や社会制度の変革などが、その適温状態を変えることがあります。もしその変革が持続可能なものなら、社会は新たな状態にふさわしい発展を続けるでしょう。それは〝相転移〟ともいえるような変化です。

ところが、持続可能でない「異次元」へと、政府が無理やり変化させようとした場合はどうでしょうか。社会が強制的に向かわされるのは、本来の自然な経済状態ではありません。ある程度の期間はそのもとで、なんとか軌道に乗ろうと経済発展が続くでしょう。しかし早晩、不自然なきしみを生じ、さまざまな矛盾を露呈し始めかねません。

そんなとき、社会は自然な状態へと戻ろうとして、逆方向の〝力学〟が働き始めるでしょう。一種のバネ仕掛けのようなものです。もし自然な状態を無視して、極端な異次元へ引きずり込もうとすれば、復元しようとするバネの力は非常に大きなものになってしまうでしょう。

政府が大きく行き過ぎて振らせれば（オーバーシュート）、逆方向もまた激しい反動が発生（アンダーシュート）するのです。そのアンダーシュートは、自然状態のもとで想定される規模を大きく上回るパニックをもたらすことでしょう。狂乱的で異常な「異次元政策」は、大暴落の報いを受けます。もしこの表現を一種の皮肉だと思われるなら、科学で裏づけた皮肉だということにもなるでしょう。

ブラックスワン現象は、実は「月のクレーター」の分布についても成り立つ理論です。クレーターを生んだ衝突の大きさを調べると、べき乗則が現れます。さまざまな衝突問題を説明できることが、この科学の一つの本質でもあるのです。

なんらかの衝突が起こったり、あるいは障壁に遮られたとき、ブラックスワン現象が発生しやすいということです。その衝突や障壁は、物理的であったり、もっと抽象的で数学的なこともあります。

残念ながら、いつどんなときにブラックスワン現象が起こるかまでは述べることができません。ただ、かならず起こることを、史実もまた物語っていると思います。しかも意外に目前かもしれません。歴史から謙虚かつ誠実に学ばなければ、社会は同様の過ちを繰り返すことでしょう。

終章　中間層を待ち受ける危機

経済危機で国民は何を失うか

日銀が保有する日本国債は、２０１６年10月に４００兆円を突破しました。もし従来どおり年間80兆円程度のペースで購入し続けるなら、２０１７年度中にも日本のＧＤＰに匹敵する額にまで拡大しかねないでしょう。

満期が来た国債は、政府が償還します。ですから、もしこの異次元緩和を終了できれば、日銀が保有する国債は、徐々に減少していくでしょう。しかしこれまでそのための「出口戦略」はアナウンスされてきませんでした。

国債は紙切れにすぎないとみなして「消却」する、というわけにはいきません。日銀が発行するベースマネーの裏づけとなっている資産だからです。

もっともらしい考え方として、日銀保有の国債を「永久債」に転換して、しかもほぼゼロ金利にするという方法などが取り沙汰されています。歴史的にはナポレオン戦争後、イギリスは「コンソル債」という永久債で成功しました。産業革命期です。しかし現在の日本では、政府の財政規律をますます緩ませる恐れがあります。

日本国債の格付けは、すでに韓国や中国よりも下位にあります。それでもＡ格を割っていないのは、ひとえに国民の資産と勤勉さに支えられているからだといえるでしょう。われわれ全員によってその信用が維持されてきたのです。

ただ、その先行きはわかりません。この最後の章で私見として述べるのは、ひと世代ほど先の時代まで見越して、今後、国民の生活にどんな影響が及ぶ可能性があるかという問題意識の概要です。ブラックスワンに襲われた最悪ケースも含みます。

ブラックスワン型のシナリオでは、国債や通貨に対する信認は、ほとんど一瞬にして失われるのが通例です。夜が明けてみたら、金融市場も銀行もすべて閉鎖されているという事態がありえます。

ただ法的には、政府は国民の資産には手をつけることはできません。日本国憲法29条が「財産権」を保障しているからです。２０１３年にキプロスで行われたような、預金の強制カットはありえないということです。

しかし「資産課税」という方法があることにご注意ください。戦後間もない時期に、わが国で実施されました。現在の金銭価値におおよそ換算すると、２０００万円を超える資産に25パーセント、４０００万円を超えれば55パーセント、そして最高税率は30億円超で90パーセントというほど過酷なものでした。

日銀のバランスシートを断固として守らねばならないので、それに要する額以上を徴収されるでしょう。しかも銀行が総倒れとならないために、その資本注入分を含まねばなりません。国際通貨基金（ＩＭＦ）を中心とする国際支援は、過去の実施例を見れば、せいぜい10兆円規模にすぎないと予想されます。つまり危機対策費のほとんどを、国内で調達しなければならないのです。

中間層が貧困層に落ちる

その際、日本国民のどの程度が貧困状態に落ち込むでしょうか。その見積もりは難しいですが、私見としての目安だけを述べておきましょう。

近年、日本人の「６人に１人」程度が「相対的貧困」状態にあるとされます。16パーセント程度です。相対的貧困とは、経済協力開発機構（ＯＥＣＤ）が定義している指標です。おおまかにいえば、国民の中程度の人の所得に比べて、その半分を下回る所得しかない状態です。つまり、生活レベルが一般庶民の半分以下だということです。

ただこの指標は、国ごとに貧困基準が異なってしまうため、国際比較を行うには難点がありまず。国内のみでの格差指標としては有効ですが、けっして「絶対的貧困」レベルではないため、ブラックスワン規模の経済危機後を見積もりにくいのです。

そこでEU内の統計に基づいて、ギリシャのケースを参考にしておきたいと思います。2010年のギリシャ危機の前後を比べると、同国の1人当たりGDPは、名目値でほぼ「4分の3」に縮小しました。ユーロ安も伴ったため、ドル建ての実質値では約「4割減」にまで縮小しました。これが皆さんへの金額レベルでの参考値となります。

またユーロスタット（EU統計局）は、域内各国の「貧困率」を公表しています。OECDよりはるかに厳しい基準を採用しています。その統計によれば、ギリシャの2015年の貧困率は「35・7パーセント」にも達しています。

この厳しい基準によれば、北欧諸国やフランスなど、格差の少ない国においてさえ、貧困率は「6人に1人」程度です。単純比較ではギリシャの貧困率は、そんな国々よりも「20ポイント」程度高いことになります。ただしギリシャの貧困率はもともと高かったため、ギリシャの過去の状況と比較する方針をとれば、危機前の貧困率から「8ポイント」程度の上昇でした。

あくまで参考値にすぎませんが、万一、日本が破滅的なレベルの経済危機に見舞われた際、「国民の8パーセントから20パーセント程度」が、新たに貧困層に付け加わる恐れがあると推量できます。もちろんそれより少ないことも、多いこともありえます。しかも、けっしてそれが永続的に続くわけではないことを付言しておきます。

いわゆる現在の「中間層」を国民の8割だとすると、国民の「10人に1人」から「4人に1人」が貧困状態に陥るということです。世界大恐慌時のアメリカでは、失業率が25パーセントにも達しました。ですから、瞬間風速的な値として、4人に1人は極端に過剰な見積もりではないかもしれません。しかももともとの貧困層まで加えれば、最悪ケースでは「国民の3人に1人」が貧困状態に陥りかねないという試算になりえます。

政府・日銀は経済危機を避けられるか

そんな事態を避けるために、政府は2020年度までの「プライマリーバランス（基礎的財政収支の均衡）」を目指しています。「国債費」すなわち国債の「償還費」と「利払い費」を除いて、国の歳入と歳出をバランスさせようとする計画です。国債費がゼロになるわけではありませんので、新規国債がまったく発行されないという目標ではありません。

ただし、償還費に当てる「借換債」は、国債の総額を増やしません。さらにもしすべての国債がゼロ金利になれば、利払い費も不要になります。日銀のゼロ金利政策が継続されるなら、「真のプライマリーバランスに到達できる」という考え方が成り立ちます。

市中にある国債をすべて買い切るには、まだ10年近く要すると見られます。その思惑どおりに事が進めば、市中の国債はすべて買い取られ、かつ増減さえなくなり、日銀の金庫に〝お蔵入り〟されてしまうわけです。仕上げとして、ゼロ金利の永久債に全額転換してしまえば、後顧《こうこ》の憂《うれ》いまでなくなるはずですが、かなり怪しげな筋立てかもしれません。

代償として、マネタリーベースは、1000兆円をはるかに超えて膨張するでしょう。少なくとも1300兆円以上だと見積もれます。フリードマン流の貨幣数量説に基づけば、物価が何倍にも上昇する恐れがあります。貨幣価値の下落によって、国民の金融資産が実質的に何分の1かに収縮しかねないのです。

そんな著しいインフレを避けるためには、金融機関が1000兆円規模の余剰資金を、日銀の当座預金に預け続けなければなりません。その代償として、日銀が支払うのは極度の低金利です。そんな状態を永続できるものでしょうか。

実は国債がすべて日銀の金庫に納まってしまえば、市中の金利は自由に設定できる状況になります。日銀の当座預金口座のみをゼロ金利同然にしておけば、市中はどれほど高金利でもよいのです。しかも政府が新たに短期国債を発行して、その利息を日銀に支払ったとしても、それは日銀の剰余金として、政府へ還流する制度となっているのです。政府と中央銀行が一体となった異様な仕組みは、従来の経済学の対象範囲にはありません。主流の経済学は「市場経済」を主たる対象領域としています。政府や中央銀行は副次的な存在にすぎないのです。そこに奇妙な抜け穴さえ生じてしまうわけです。

もしこんな対処策が、かつてのジョン・ローやヒトラーが企んだごとき詐術の類にすぎなかったならば、早晩、大規模な経済危機が勃発しかねません。国民が塗炭の苦しみを受ける日が訪れるかもしれないのです。

グローバル経済下で金融不安定化が起こる

科学系の人々は、日銀に〝塩漬け〟された国債という問題に関して、いろいろな難点を造作もなく見破るでしょう。誰それいわくに頼るのではなく、自分の頭でさまざまなケースを考え尽くそうとする習慣が確立しているからです。

銀行と日銀にあるおカネは、元はといえば、国民の金融資産です。金融機関を銀行で代表させて表現すれば、つまり国民の銀行預金だということです。その預金の大部分が、日銀の当座預金口座に凍結されて、ゼロ金利か超低金利にとどめられます。銀行が運用できるのは、それ以外のわずかな額のみとなります。

信用創造などの仕組みがありますが、主要な問題点は、グローバル経済下で考えなければなりません。海外との資金の流出入に注目する必要があるのです。

第一の考え方は、グローバル経済を無視して、国内のみで超低金利環境を永続させるというものです。永久債の推奨派なら、その程度のケースに固定して考えるだけかとも推測されます。銀行は預金者にわずかな利息しか支払わず、手数料ビジネスで生き残れと想定します。ただその難点は、もっとも収益性の低い銀行が、やがて経営危機に陥る恐れです。

第二は、グローバル経済下で、海外の金利が上昇した場合を想定しなければなりません。国民の預金は大量に引き出され、海外へと流出するでしょう。やがてその運用益が戻ってきて、市中の貨幣量が増え続けます。それがインフレを招くでしょう。しかも大量の円が外貨に転換されますので、大幅な円安も起こり、輸入物価がさらに高騰します。インフレによって、国民の金融資産の実質値が激減するわけです。

第三は、海外の金利が上昇しても、日本人は資金をあまり海外に移転しないとするものです。ただし海外から超低金利の円を借りに来て、それを海外で運用するという「円借り取引《キャリートレード》」が盛んになります。近年はそれが極端な円高を引き起こしました。

円高が永続的になれば、国内の輸出産業がどんどん衰退するでしょう。大幅な輸入超過国と化してしまいます。国内産業の大きな部分が失われ、国民の雇用が激減します。デフレ下の大不況という状況が現出する恐れが強いのです。

そして第四の考え方は、海外の利上げに連動して、国内の金利も上昇するというものです。金利上昇は金融引き締めを意味します。景気後退を招きやすいのです。銀行は預金利息の支払いが膨張しますが、融資は減少します。それによって金融危機が起こりかねません。政府による大規模な景気対策が必要となって、プライマリーバランスが崩壊します。

望ましいはずのプライマリーバランスですが、政府債務を真に削減しないなら、行き着く先には金融不安定化のリスクが待ち受けているのかもしれません。私見レベルの推論にすぎないことをお断りしておきますが、真剣にご注意いただきたいと思います。

実際、日銀が市場との対話の改善策として、2016年9月に公表した「総括的な検証」は、市場側では日銀の〝敗北宣言〟だともとらえられました。翌月の「金融システムレポート」では、アメリカの金利上昇に伴って、日経平均株価が「1万4000円」程度に下落しても、地域金融機関に脆弱性は顕在化しないとしました。裏返して考えれば、その株価水準を割っただけでも、経営危機の状態が現れる恐れを警告したのかもしれません。

図８－１　生活の程度の変遷

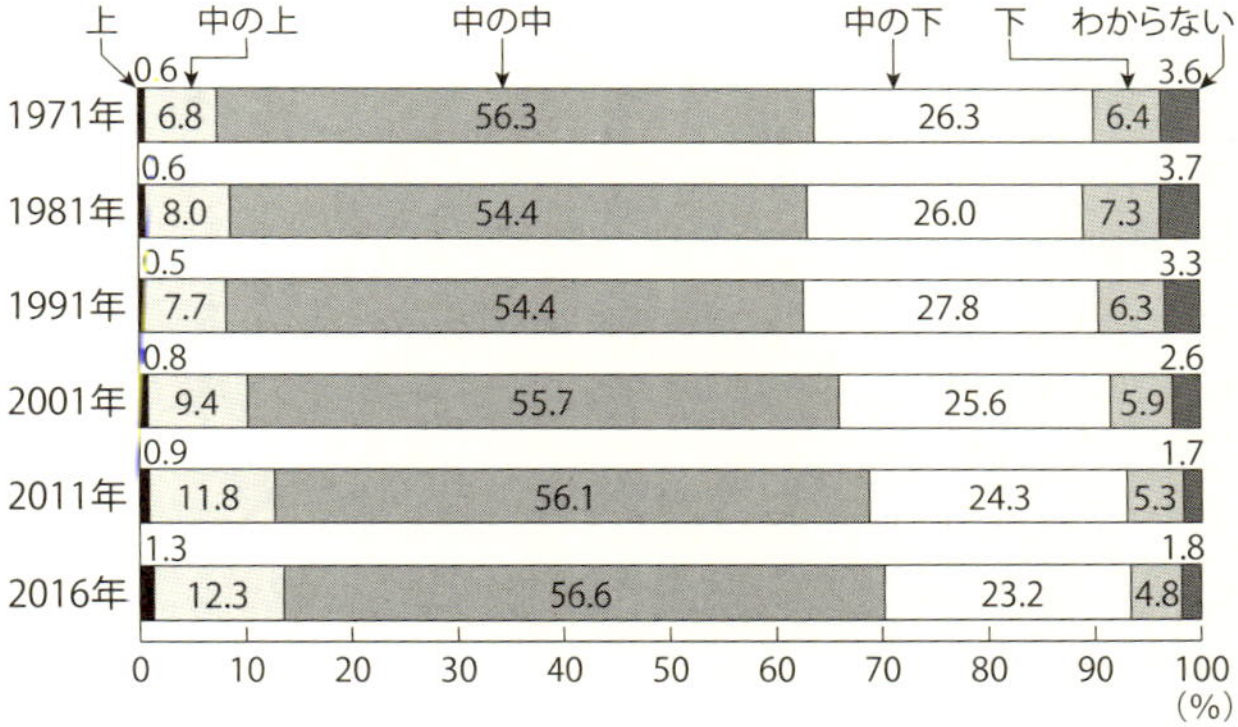

（出典）厚生労働省『労働経済白書 2012年版』および内閣府「国民生活に関する世論調査」（2016年）をもとに作成

リスクとしての国民意識にも注目せよ

読者の皆さんは、リスクに対して敏感で、経済を論理的かつ科学的に考えようとする方々だったと思います。経済社会にはさまざまなリスクがありますが、「国民意識」という問題も特に指摘しておきたいと思います。

図８－１は厚生労働省の『労働経済白書』のうち、２０１２年版「分厚い中間層の復活に向けた課題」に掲載されたグラフに、最新データを付け加えたものです。内閣府が「生活の程度」を継続的に調査していますので、その変遷をまとめました。

この白書は「貧困・格差の現状」を詳しく調査していました。ただ国民意識は、結果的に「一億総中流」は健在だというものだったのです。長期的に見れば、国民生活は徐々に改善し続けたからでしょう。2016年分のデータを付け加えましたが、中間層は「92・1パーセント」にも達します。主観という面では、下層は「4・8パーセント」にすぎず、相対的貧困率の約6人に1人という客観データと大きな不一致を示しています。

歴代の政府は、「経済が成長した」や「給料が上がった」と宣伝し続けてきました。たとえ借金財政に支えられた〝上げ底経済〟時代であっても、そのリスクには極力触れませんでした。だから国民のほとんどはほぼ満足し続けたのです。

厚生労働省の「賃金構造基本統計調査」によれば、現政権下での賃金は、3年間に「約2パーセント」上がりました。2013年以降、マイナス0・7パーセント、1・3パーセント、1・7パーセントでした。しかし消費税が3パーセント分上乗せされ、同時に物価も3・9パーセント上がったため、差し引きで生活はやや苦しくなったはずです。しかし国民は生活が改善されていると思い込んだのです。

その背景として、雇用労働者数が130万人増加して、5284万人になったという効果があったでしょう。失業率は3・37パーセントへと、0・96ポイント改善しました。ただしその内実は、非正規雇用は167万人増となったが、正規雇用は36万人減少したというものでした。

「格差」や「非正規雇用」などの問題は、背景がきわめて複雑です。女性や高齢者の就業増、人口構造の変化など、さまざまな要因を勘案しなければなりません。ゆとり教育世代の学力や生活態度の低下を、大学で目の当たりにしましたが、企業が採用をためらうような社会性と倫理観の欠如した若者が急増したことを感じました。そんな要因を総合したところで、格差などの問題を考えねばならないのです。

それとともに付記しますが、日本人の国民性の特異さを、潜在的なリスクとして、再検討しておかねばならないのかもしれません。たとえば自動車産業は、わが国を代表する製造業で、2015年度の海外生産比率は「66・6パーセント」にも達します。しかし海外メーカーによる国内への工場進出はいまだに皆無なのです。そんな異様な事実がほとんど話題にも上らず、ほぼ矛盾を感じないらしいのが、日本人なのです。

しかも「男女平等度」のランキングは、2016年に144ヵ国中の「111位」です。ダボス会議を主催する世界経済フォーラム（WEF）の公表データです。現政権は3位を目指すと標榜したはずですが、所得格差や経済政策の低評価が災いして、かえって後退しました。男女間の不平等は、イスラム圏と東アジアの儒教圏でいまだに顕著です。

人間と機械が競争する経済へ

現役世代や将来世代の行く末を考えたとき、コンピューターやロボット技術の影響は、今後の重大課題だと想定せざるをえません。特に頭脳労働に携わる中間層にとっては、雇用機会を大幅に減らし、格差を拡大させる最大の要因となる可能性があります。目前に横たわっている大問題だということです。

国勢調査によれば、2000年から2010年への10年間で、「会計事務従事者」は257万人から161万人へと「96万人」も激減しました。「37パーセント減」です。会計ソフトや電子商取引が急速に普及したからです。2015年調査の詳報でも163万人のままで、回復の兆しがあるとはいえません。

また顕著な事例ですが、アメリカのワッツアップ社が、フェイスブック社によって、「190億ドル(約2兆円)」という巨額で買収されました。ワッツアップはよほどの巨大企業なのかと想像されるでしょうが、従業員数はたった「55人」にすぎませんでした。わずかこれだけの人員で、月間利用者が世界8億人以上というメッセージサービスを運用していたのです。もはや人間の労働者をほとんど要しない産業が急成長しているのです。

今後、人工知能技術が発達するにつれて、機械が人間の労働を代替する分野が、ますます増加するでしょう。機械は24時間労働でもなんら不平をいいません。コストは人間の賃金をはるかに下回ります。

将棋名人と互角以上に戦えるレベルの人工知能ソフトだけではありません。クイズ王を打ち負かすほどの、高度な情報検索力と推理力を発揮するコンピューターもあります。それは医学診断など多方面の仕事への応用が試みられています。

自動車を自動運転できる技術があれば、倉庫や工場内の配送や製造工程は、かなり複雑な作業でも機械化が可能なはずです。デジタルカメラの国内生産を、2018年には完全自動化する、と宣言しているトップ企業もあります。

現役世代以降の皆さんにとって、10～20年後の雇用環境は激変していることでしょう。もし経済規模が何割も成長しないなら、中間層から弾き出される人口が、1000万人単位になってもおかしくないのです。経済産業省は、それを2030年度に「735万人減」と試算し、構造改革の必要性を強調しました。

エリック・ブリニョルフソンらの書『機械との競争』を要約すれば、彼らは「雇用の二極化」を予想したといえばいいでしょう。「複雑な知的・対人的労働」と「単純作業でない肉体労働」しか、やがて人間には残らなくなると指摘しました。定型業務《ルーチンワーク》はどんどん消え去るということです。

当面のロボットは、引越し荷物の搬出入作業まではできそうにありません。しかし、巨大な3次元《D》プリンターを導入すれば、家屋の骨格すべての自動建築ならできるでしょう。人間はその内外装などの仕上げだけを担当する、といった技術革新が可能なのです。

高度な自動機械群を保有する法人、その一握りの経営者、そして無数の一般大衆という経済社会の構図が予想されます。法人には法律上の人格が認められていますが、われわれのようなヒトではありません。機械と法人のみが栄えて、大多数の人間が不要になってしまいかねません。極度の格差社会が到来しかねない、と申し上げておきましょう。まったく新たな経済の仕組みが、大暴走を始めつつあるのかもしれないのです。

リスクを隠して経済・社会は走り続ける

国の危機的なレベルの借金を、いわば〝塩漬け〟にしつつ、破綻を免れた代表的な事例は、産業革命期のイギリスのみだったと思われます。ただし債務負担は、すべて増税で裏づけるという法制化がなされていました。歴史上、それ以外の代表例の数々は、すべて策謀レベルにすぎず、ことごとく失敗したといえるでしょう。

国の借金を、中央銀行の金庫に仕舞い込んでも、なんら支障が生じないなら、あまりにもありがたいことです。国民の生活費まで、ヘリコプターから湯水のごとくばらまき、労働はすべて外国人に任せることさえ可能でしょう。経済政策上この上なくすばらしい〝大発明〟によって、日本人は永遠に幸せになれます。

そんな危うい仕組みの帰趨を徒手空拳《としゅくうけん》で待つのではなく、なんらかの打開策を考えたほうがいいだろう、というのがこの本の真意でした。もし国が借金を繰り返すだけで、国民の暮らしと経済がいくらでも良くなるのなら、誰しも歓迎したくなります。しかしその政策がひとたび失敗した際、最後に煮え湯を飲まされるのは私たち国民なのです。

リスクを隠しつつ、経済と社会は走り続けます。自らに利益が得られて、金銭的負担は他者に薄くばらまかれるだけなら、多くの人々が早い者勝ちで殺到します。その果てに、もし全員が金銭的負担を伴わない方法が案出されたなら、たとえそれが砂上の楼閣にすぎなかったとしても、〝悪魔の誘惑〟に心を売り渡してしまうかもしれません。

遠い昔の幼いある日、「木の葉は小判ではない」と私たちは学んだはずです。大人になってから、「木の葉は小判だ」と考える人たちばかりが幅を利かすのなら、その時代の子供たちのモラルも責任感も社会への参加意欲も、すべて失われてしまいかねません。

将来をになう子供たちが幸せになってくれて、この国の経済社会の豊かさを引き継いでくれることを願いつつ、この本文を締めくくりたく思います。

子供や若者をはじめとして、国民の皆さん全員に永遠《とわ》に幸あれかし。

付録：限定合理性とパラドックスから、詭弁の根源を探る

人間の論理能力は不完全か

本書では、近年の経済政策に対して、さまざまな疑問を述べました。経済政策が危険な迷路に入り込んではいないかと懸念されますが、それでも常に政策の正当性が主張されます。正しい政策だという論理が組まれ、民主主義制度の下で決定され続けるわけです。

本文中では「詭弁」という語をおもに用いましたが、その背景や根源に迫るための科学分野の知見を、ここで簡単にご説明します。「人間の知性は、どの程度まで合理的か？」という問題です。本来は分厚い本になるような内容ですので、興味をもたれた場合は、詳しい関連書などをお調べください。

人間の「論理的能力」は、私たちの文明を支えて発展させ続けるために、十分なものでしょうか。過去の哲学、神学、科学などの知見は、この大問題にかかわってきました。近年は経済学分野での「限定合理性」に関する研究が特に重要です。

歴史的に述べますと、哲学や神学分野では、「パラドックス（逆理）」という論理的な不整合性が、古来から注目されてきました。「『すべてのクレタ人はうそつきだ』と、あるクレタ人が言った」などです。また神学者はパラドックスを応用して、人間に〝不可知〟な存在としての神の存在証明を行ったりしました。

近現代になると、「数学」という万全な論理体系を構築しているはずの分野をさえ揺るがしました。バートランド・ラッセルは数学者でもありましたが、彼も貢献しました。「自分自身を要素として含まない集合」なるものを考えたとき、そのような集合すべてを集めた集合は、自分自身を含むか含まないかがわからない、というパラドックスでした。

このような分野を「数学基礎論」と称します。研究が進むにつれて、「定理であることがわかるのに、それを証明できない」というクルト・ゲーデルの「不完全性定理」にまで到達しました。

同様の論法では、コンピューター分野におけるアラン・チューリングの研究が有名です。「コンピューターで計算できそうに見えるが、けっして計算できない」問題があるという命題です。ゲーデルともに、「実数の無限大は、整数の無限大より大きい」という不思議な性質を、難解な証明に利用しています。

ただこの頃までの研究は、経済社会に対してはあまり直接的な影響を与えないでしょう。チューリングらの研究にしても、「無限」にかかわる不可能性です。有限の世界に生きるわれわれとかけ離れた知見だったからです。

実質的に計算できない問題群

経済社会に影響を与える問題群としては、コンピューター分野では「計算の複雑性」という問題が重要です。順列・組み合わせ問題は、対象の個数が増えてくると、計算量が多くなりすぎるのです。碁盤に碁石を並べるパターン数でさえ、宇宙の全物質を使ったスーパーコンピューターでも、けっして計算しきれません。

この問題は、経済分野における「最適計画の不可能性」を意味します。あらゆる場合を想定した最適問題は計算しきれないため、「準最適計画」に甘んじるしかないのです。人工知能ソフトはそんな準最適計算の例ですが、たとえば将棋ソフトの場合、人間の名人レベルに近い準最適な対戦法を実現しようとしているのです。

一方、量子物理学においては、素粒子レベルでの「不確定性」が指摘されました。素粒子というのは、ぼんやりとした雲のような存在としてしかとらえられないのです。いかなる「観測」でも知りえないという限界の問題です。

量子のさまざまな不思議な性質を、複雑な計算に逆用しようとするのが、「量子コンピューター」の研究です。1つの量子が同時に複数の状態にとれるのを、順列・組み合わせの計算に利用します。広範な実用問題に適用できるかは、研究途上だといわざるをえませんが、もし本格的に実用化されれば革命的です。

しかしながら、物理学分野で指摘されてきた不可知性には、「カオス現象」という重要な問題もあります。確率を伴わないでも、「予測不能性」が現れてくる現象を指しています。カオス理論は、本書で述べたブラックスワン現象の背景もなしています。

たとえば、天気予報はこの予測不能性の影響下にあります。宇宙の果てにある電子1個の影響を観測できなかっただけでも、2週間後には地球規模での気圧配置の計算が変わってしまうのです。ほんの2週間先の天気でさえ、人類はけっして正確に予報できない、という科学の限界に直面する理論体系です。

哲学的には、量子力学やカオスなど物理学の研究は、ニュートン力学における「決定論的世界観」を覆しました。ニュートン力学にのっとれば、未来はすべて初期値から計算されます。ならば、個々の人間の未来も、宇宙の初期値によってすべて決まり、いっさいの「自由」がないと結論されるのです。不確定性やカオス現象の発見によって、この困難性が乗り越えられました。

「自由だが、知的な合理性の壁に直面する」という人間像が、現代科学が示唆する実像となってきたというべきでしょう。何が最適かはわからないことだらけです。人間は自由かという高邁な問題にまでなると、科学としての見方をほぼ確立するだけでも、数世紀を要してきたのです。

合理性を問う経済学の潮流

近年、「知の合理性」の研究は、経済学分野が他を圧倒して、最先端を走り続けているといって過言でないでしょう。私の専門は情報学ですが、経済学にかなり深入りするのは、そんな事情があるからです。

経済学分野の「限定合理性」の科学は、身近でも役に立つ理論体系を構築しています。実社会と直接かかわっているからです。かつての経済学は「完全合理性」を前提としがちでしたが、現在の最先端はそれが否定されたことを常識としています。

「限定合理性」の先駆者の一人は、ハーバート・サイモンです。ノーベル経済学賞を受賞しましたが、情報学や心理学分野でも高名でした。心理学分野から発した「行動経済学」は、このテーマに大きく貢献していますが、彼は分野をうまく横断していたのです。ただ、情報学分野では「ほら吹きサイモン」と呼ぶ人もいたりしましたし、サイモンの研究も表面的だったと思います。

一般論として、誰しもが経済社会において十二分な情報を収集して、それに基づいて判断できる環境にはありません。政府と民間、企業と消費者、経営者と従業員の間には、大きな「情報の非対称性」あるいは「情報格差」が存在するでしょう。一方の知りうる情報が極端に不足していたりするのです。

しかも、たとえすべての情報を集めたとしても、人間はそれを使いこなしきれるわけではありません。考え落としや錯誤などにより、完全に合理的な判断などできないのです。さらに限定合理性の数学理論は、「全能の神でさえ間違える」ことを示唆しています。

理論は高遠ですが、以下で例示するいくつかの問題は、きわめて些細な事例の体裁をとっています。しかし扱っているのは、人間の合理性という根本の大問題です。日常生活の問題にも適用できますが、「国の存亡にかかわる」こともあるというつもりで、想像力を豊かにしてお読みください。

行動経済学が探る人間心理の穴

「行動経済学」が示す知見は、とても理解しやすいので、まず初めにご紹介しましょう。

ダニエル・カーネマンは心理学者ですが、この分野を開拓して、ノーベル経済学賞の栄誉を得ました。彼の受賞論文はまるでクイズ集のようです。研究自体は、エイモス・トベルスキーと行っていたのですが、共同研究者は惜しくも受賞の6年前に亡くなりました。

たとえば次のような問題です。

問題1

伝染病を放置すると、600人が死亡する恐れがあります。2種類の対策が提案されました。どちらを採用しますか。

A：200人が救われる案

B：3分の1の確率で全員が救われ、3分の2の確率で全員が死亡する案

心理学上の研究ですので、研究室に被験者を集めて調査しました。人間心理の〝穴〟を探っていたのです。結果として、A案を選んだ人が72パーセント、B案を選んだ人が28パーセントでした。皆さんはどちらを選ばれたでしょうか。

では、次の第2問のほうはいかがでしょう。答えを選んでください。

問題2

同じ伝染病に関する問題ですが、C案とD案のどちらを選びますか。

C：400人が死亡する案

D：3分の1の確率で1人も死なず、3分の2の確率で全員が死亡する案

今回は、C案を選んだ人が22パーセントにすぎず、D案を78パーセントの人が選びました。ところが、2つの問題をよく比較していただきたいのですが、AとCは同一の案にすぎず、BとDの内容も同じものです。一般の被験者による結果ですが、医師や政治家などの場合も同様だ、と皆さんは想定されるでしょう。もし伝染病対策本部で投票されるか、国会で投票されたなら、単に表現だけで結果が変わってくる恐れがあるということです。

人間は「リスク回避的」な選択をしやすい、とカーネマンらは指摘しました。死者の数の表現などに影響されやすいのです。何に焦点を当てて表現するかという意味で、彼らは「フレーミング理論」というわかりにくい言葉を使いましたが、論文はいともわかりやすいものでした。

リスクを操作すれば、人は賛同する

同様にカーネマンらが実験した問題ですが、次の2問はいかがでしょうか。

問題3

まず100ドルもらったうえで、次のどちらを選びますか。
50パーセントの確率で100ドルもらう、または確実に50ドルもらう。

問題4

まず200ドルもらったうえで、次のどちらを選びますか。
50パーセントの確率で100ドル失う、または確実に50ドル失う。

前者では「確実に50ドルもらう」が多く、人間はリスクを避けます。ところが後者のように、リスクしかないとき、人々はリスクに対する態度を変えて、「50パーセントの確率で100ドル失う」のほうを選びたがります。実はこの2問は、まったく同一の結果をもたらす別表現にすぎません。

最初がどんな状態であるかによって、将来に対する見通し（プロスペクト）が変わるという意味で、「プロスペクト理論」といいます。カーネマンらは、人間の思考の合理性に関して、これらを含めて、さまざまな発見をしてきました。それが有名になって、「国際金融でもっとも影響力のある50人」などにも選ばれたのです。

人間の心理を操作するためには、リスクに注目すれば、コントロールしやすくなります。金融市場を飛び交う詭弁として使いやすいためか、絶大な注目を集めるようになりました。政策担当者などもこのような考え方を多用します。リスクや損失をひた隠しつつ、利点を強調するのです。そんな「人心操縦術」によって、国民の総意が偏った方向へ動くのは、人間の知性がかならずしも合理的でないからです。カーネマンらはそれをはっきりと示しました。ヒトラーのプロパガンダ（政治宣伝）法を連想された方がいるかもしれません。

ゲーム理論を変えたジレンマ問題

人間の合理性に関しては、経済学分野では特に「ゲーム理論」の知見が重視されています。ごく初期のゲーム理論の体系はそんなものではなく、勝ち方の「最適化理論」だったといってよいでしょう。しかし、「ジレンマ（二律背反）」や「パラドックス」という矛盾に着眼し始めて、流れは大きく変わりました。限定合理性を真剣に研究する体系という側面が、非常に強くなったのです。

その大きな転換点となったのは、「囚人のジレンマ」という問題でした。囚人2人が、互いに共犯者を裏切ったほうが得をするはずだ、と思えるような「2人ゲーム」になっています。考案はメリル・フラッドとメルビン・ドレシャーに帰すべきですが、わが国の司法制度と異なるところがありますので、ここでは経済問題に置き換えてみます。

2軒のピザ店が競い合っているとしましょう。売り上げが拮抗していて、いずれも月「2万ドル」の利益が得られているとします。

ある日、A店側が値下げで攻勢をかけようと考えました。値下げによって、A店の利益は月「3万ドル」になり、B店側は利益「ゼロ」に追い込まれると想定しました。逆にB店が値下げした場合は、この損得が逆になるはずです。

A店は値下げが得だと考えつつ、もしB店も同じことを考えて、同時に対抗値下げした場合も推計してみました。すると、両店とも月「1万ドル」の利益しか得られないと気づいたのです。

この見積もりを表9－1にまとめておきました。皆さんがA店の店長だった場合、値下げ攻勢に出るでしょうか。ジャンケンのように、両店が同時に決定するのであって、かつ1回だけのゲームだと考えてください。もちろん両店は相談し合いません。

表9－1　ピザ店のジレンマゲーム

A ＼ B	現状維持	値下げ
現状維持	A：2 B：2	A：0 B：3
値下げ	A：3 B：0	A：1 B：1

この問題の難しさは、奇妙な矛盾が起こるからです。この表では、とりあえずB側を「現状維持」に固定して比較したとき、Aは「値下げ」が得になります。またB側を「値下げ」に固定したときにも、Aは「値下げ」が得になるのです。つまりAとしては、「常に値下げが得」と考えざるをえません。しかも問題の対称性によって、Bも「常に値下げが得」と考えます。

しかし、両店が同時に「値下げ」を選択したとたん、両店とも「現状維持」よりも利益が減少してしまいます。それでは困ってしまうために、ジレンマという言葉が使われたのです。皆さんはこのジレンマを解決できるでしょうか。

通貨安で近隣窮乏化を繰り返す

これは「デフレ」の理論にもなっていることがおわかりでしょう。元の設定では同時値下げですが、実社会では交互に散発的に値下げすることでしょう。

A店が値下げして、自店の業績を向上させたが、その結果としてB店が犠牲にされました。そこでB店は仕方なく、対抗値下げを行います。現状維持よりもましだからです。すると、A店がまたさらに対抗値下げで応じてくるかもしれません。その繰り返しになります。どちらかの店がつぶれるまで、値下げを繰り返しかねません。

近年、日本政府はデフレ脱却を目指すと称してきました。そのために極端な金融緩和で、「通貨安」に誘導し続けました。円安になれば、輸入品の物価が上昇して、デフレを脱却できるはずだとの考え方でした。一見すると、囚人のジレンマ型の問題と無関係に見えるでしょう。

ところが、実はそうではありません。この異次元緩和政策は〝二重構造〟でした。国内を見れば、インフレが進むように思えます。しかしグローバルな経済環境では、円安にすると、日本製品の外貨建て価格が下がります。「海外にデフレを輸出する」という側面をもった政策だったのです。

各国が「通貨安競争」に走ってしまうと、まさに囚人のジレンマ型の状況を現出します。自国経済の国際競争力を高めるために、国際価格を下落させ続け、他国の利益を削り取ろうとします。しかし競争が激しくなるほど、自国の利益も減少していくのです。

実は世界大恐慌の時代は、先進国経済が、まさにこの囚人のジレンマ状態でした。各国は輸出拡大のために、通貨安競争をしました。そのうえ関税障壁を設け、植民地をブロック経済圏で囲って、「保護主義」政策を強化しました。「近隣窮乏《きんりんきゅうぼう》化政策」（自国の経済状況を改善するために、他国を犠牲にすること）だと互いに批判し合い、ついには第二次世界大戦に突入しました。

近年も、通貨安競争や保護主義などの言葉が、国際協議のニュースで飛び交います。G7やG20などの報道です。当該国は、国内問題の対策のためだと否定します。通貨安誘導は、国内のデフレ脱却に必須の政策だなどと主張するのです。その報道で「近隣窮乏化」という言葉が使われることがあります。過去の不幸な歴史を警告する重い表現なのです。

どの程度に重いかを、金額で試算しておきましょう。一時はドルが80円台を割るまで上昇した円を、120円台にまで押し戻しました。すると日本のドル建てGDPは、2012年から2015年にかけて「1兆8000億ドル」以上も減少しました。世界経済において、8位のイタリアが消え去る以上の規模でした。あるいは7位のインドがなくなる規模にも近かったのです。

民主主義にはパラドックスが巣くう

別の重大な問題として、民主主義に巣くっているパラドックスを述べておかねばなりません。

ごく原初的な問題は、古代ローマ時代から指摘されていました。1世紀末前後の政治家だった小プリニウスの名が伝えられています。フランス革命後にも深刻な問題となりました。当時の政治家かつ数学者ニコラ・ド・コンドルセにちなんで、「コンドルセのパラドックス」と呼ばれることがあります。その後は『不思議の国のアリス』の著者ルイス・キャロルが、本名で執筆した論文なども知られています。

フランス革命後の国民議会では民主派、立憲派、王政派の3党派が拮抗状態にありました。3党派とも議会の過半数を握れず、どの議案を可決させるにも、少なくとも2派が賛成する必要がありました。

そんなとき、次の表9－2のような状況が起こりました。提出されたA、B、Cという3案のうち、いずれかを選ばねばなりません。その際の各派の考え方を選好順位で表現しました。国民議会ですから、民主的に多数決で決めます。ところが、3つの案が並立していて、どれも過半数を取れないため、合理的と思えるなんらかの決定法を採用しなければなりません。

表9－2　コンドルセのパラドックスの例

選好順位	民主派	立憲派	王政派
1	A	B	C
2	B	C	A
3	C	A	B

そこで、次のような投票法を採用してみましょう。すなわち、まずA案とB案を採決にかけて、多数決でいずれかを残します。その勝ち残った案と、C案とを採決にかけて、最後に勝ち残った案を採用します。十分に民主的な方法だと考えられるでしょう。

この表で投票結果を考えてみると、まずA案とB案との比較では、民主派はA案に投票、立憲派はB案に投票します。そして王政派は、A案の選好順位のほうが上なので、A案に投票します。

ですから、A案が勝ち残り、それをC案との多数決にかけます。すると、民主派はA案に投票しますが、立憲派と王政派はC案に投票するでしょう。すなわち、最終的に採択されるのはC案なのです。

合理的な決定に見えるかもしれませんが、一応、「BとCの採決」を仮想的に考えてみましょう。この両者を比較すると、B案には民主派と立憲派の票が入ります。C案は王政派しか賛成せず、よってB案の勝利となってしまうのです。

表を追うのに少し忍耐が必要だったかもしれませんが、この議会における投票では、A案がB案に勝ち、C案がA案に勝ちました。勝ち負けを大小記号で表現すると、「A＞B」と「C＞A」になります。それなら、「C＞B」であるはずだと期待するでしょうが、B案とC案とを対象とした投票では、逆に「B＞C」になってしまうのです。まさにパラドックスでしょう。

これはジャンケンの「三すくみ」とまったく同じ構造です。ジャンケンと同様ですから、投票順さえ変えれば、どの案を勝ち残らせることもできます。「投票のパラドックス」などとも呼ばれます。その後の本格的な研究によれば、実は民主主義ではこの種のパラドックスを避けがたいのです。しかし民主主義以上に優れた政治原理を、人類はいまだに発明できていないのが現状です。

実社会の政策決定はさらに錯綜する

その後の本格的な研究として、ケネス・アローという経済学者が民主主義のこの根本問題を詳しく分析しました。現在は「一般不可能性定理」と呼ばれることが多いものです。アローは第4回のノーベル経済学賞を受賞しました。限定合理性の研究として、私はこの業績をもっとも重視しています。親しみやすい呼称としては、先ほどの「投票のパラドックス」と呼べばいいでしょう。

アローの理論によれば、あらかじめ投票のルールを定めておいた場合、望ましくない結果をもたらす実例をかならずつくれます。「全員が最良の案を選ぼうとするのに、最悪の案が選ばれてしまう」というきわめて病的な実例さえあります。民主主義で合理的な決定を保証しきれるわけでないことを示しました。社会の多様化が進んでいますから、思いがけない決定が導かれはしないかと、この理論は重要性をますます高めているのです。

彼の論文の日本語訳が出版されていますが、難解すぎるでしょう。ここでは、最悪ケースを実感いただける例題を示しておきます。AからGまでの7案で、アルファベット順の「勝ち抜き多数決」を行います。表9－3のような状況です。各派の選好順位が多様です

表9－3　7案での投票のパラドックス例

選好順位	民主派	立憲派	王政派
1	A	B	C
2	D	A	B
3	C	E	A
4	B	D	F
5	G	C	E
6	F	G	D
7	E	F	G

が、自由な民主主義社会はそんな多様性を許容しているのです。

最初にA対Bで投票を行うこと、その結果としてB案が勝ち残ることがわかれば、その後のB対Cなどの投票結果を、ご自分で追っていただけるでしょう。最後にG案が勝ち残って採用されます。

ところが、この表全体を大局的に眺めれば、G案は最悪案だと考える方が多いことでしょう。そう思われたとすれば、それが民主主義に巣くう難題だということです。

実社会でも、これに類した決定が行われてしまうことがあります。1980年代末期に、日本の政党の総裁決定過程で、有力候補に各派閥から対抗馬をぶつけては、候補者つぶしが行われたことがありました。そして最終的に総裁に選ばれたのは、国民的な知名度がかなり低い人物でした。首相に就任しましたが、女性問題が発覚したため、たった2ヵ月余りで退陣しました。

しかも現実の民主主義制度は、間接民主制をとっていますので、決定過程がさらに錯綜せざるをえないこともご理解いただけるでしょう。これ以上は詳しく述べませんが、民意がより望ましく反映されるためには、まずわれわれが真剣に注意深く政治に向き合うことが不可欠なのです。

あとがき

経済上の重要な実データの数々と、歴史上の諸事実とを、普遍の科学という視点を交えて掘り下げた本でした。

国民目線を徹底しつつ、読みやすさを心がけて、皆さんが知りたいと思われそうな新規の情報と考え方を、可能なかぎり述べてみました。経済という〝魔物〟について、皆さんが今後ご自身で考えてくださる手掛かりとなれば幸いです。

内容を振り返ってみますと、「マネタリーベース」や「公共事業」という基本問題なども、科学的に見直しました。経済学には、科学としてあまりにも〝穴だらけ〟の部分が散見されたからです。公共事業政策に潜む大きな問題点を、実データで追いつめて、「国債発行をどこまで減らせるか」を検討しました。この考え方は本書が初めてでしょう。

「超低金利」の深刻な悪影響にとどまらず、19世紀のイギリスの物価推移など、データ主義の周到さを感じた方がおられるかもしれません。古代、中世、近世などの物価にも触れました。数多くの事例から見解を客観的に帰納しようとするのが、科学の基本手法だからです。暴落の確率論は私の専門の一つでもあり、高度な見方をご紹介しておきました。

経済問題に関して、詭弁や誤解が多いという視点が、この本の底には流れています。「ヘリコプターマネー」の原点にある結論を、マスメディアに登場する有識者然とした人々が、例外ないほどひた隠そうとする現代とは、いったいどういう時代なのでしょうか。

異常な実データの数々を、読まれた後に長くご記憶くだされぱと思います。本文に記載したように、かつて「世界大恐慌」へと至る大暴走時代、アメリカの株価は、GDP並みに上昇したにすぎないのに、9割安まで大暴落しました。近年のアメリカでは、株価はそれをはるかに凌駕する高騰を続けてきました。

末筆ながら、編集の労をとってくださった平凡社新書編集部の和田康成氏に感謝します。苛烈な日程を要求されるのには往生しましたが、良い本をつくってくださったようです。とびきり有能な編集者さんだと思いました。

２０１６年12月

著者

参考文献

＊本書で参考にした資料のうち、入手しやすいものを中心に掲げます。副題は省きました。専門家向けの研究資料類は、恐れ入りますがご自分でお探しください。

逢沢明『ゲーム理論トレーニング』かんき出版、２００３年（２０１５年の新装版『戦略思考を磨くゲーム理論トレーニング』は、編集部が内容を半分程度に短縮しましたが、重要な論点は理解可能でしょう）
逢沢明『直観でわかるゲーム理論』東洋経済新報社、２０１２年
逢沢明『21世紀の経済学』かんき出版、２０１６年
秋元英一『世界大恐慌』講談社学術文庫、２００９年
伊東光晴『ケインズ』岩波新書、１９６２年
エズラ・F・ヴォーゲル著、広中和歌子他訳『ジャパンアズナンバーワン』TBSブリタニカ、１９７９年
スチュアート・カウフマン著、米沢富美子監訳『自己組織化と進化の論理』ちくま学芸文庫、２００８年
ダニエル・カーネマン著、村井章子訳『ファスト＆スロー（上・下）』ハヤカワ・ノンフィクション文庫、

２０１４年
ジョン・Ｋ・ガルブレイス著、村井章子訳『大暴落１９２９』日経ＢＰ社、２００８年
ジェイムズ・グリック著、上田睆亮監修、大貫昌子訳『カオス』新潮文庫、１９９１年
アラン・グリーンスパン著、山岡洋一他訳『波乱の時代（上・下）』日本経済新聞出版社、２００７年
ポール・クルーグマン著、北村行伸他訳『自己組織化の経済学』ちくま学芸文庫、２００９年
ケインズ著、間宮陽介訳『雇用、利子および貨幣の一般理論（上・下）』岩波文庫、２００８年
Ｐ・Ａ・サムエルソン他著、都留重人訳『サムエルソン 経済学（上・下）』岩波書店、１９９２・９３年
ジョセフ・Ｅ・スティグリッツ他著、藪下史郎他訳『スティグリッツ マクロ経済学 第４版』東洋経済新報社、２０１４年
Ｃ・Ｐ・スノー著、松井巻之助訳『二つの文化と科学革命』みすず書房、２０１１年
アダム・スミス著、山岡洋一訳『国富論（上・下）』日本経済新聞出版社、２００７年
高安秀樹『フラクタル』朝倉書店、１９８６年
多田井喜生『昭和の迷走』筑摩選書、２０１４年
エドワード・チャンセラー著、山岡洋一訳『バブルの歴史』日経ＢＰ社、２０００年
アンガス・ディートン著、松本裕訳『大脱出』みすず書房、２０１４年
富田俊基『国債の歴史』東洋経済新報社、２００６年
ウィリアム・パウンドストーン著、松浦俊輔他訳『囚人のジレンマ』青土社、１９９５年
ダレル・ハフ著、高木秀玄訳『統計でウソをつく法』講談社ブルーバックス、１９６８年

トマ・ピケティ著、山形浩生他訳『21世紀の資本』みすず書房、2014年
ニーアル・ファーガソン著、仙名紀訳『マネーの進化史』ハヤカワ・ノンフィクション文庫、2015年
ミルトン・フリードマン著、斎藤精一郎訳『貨幣の悪戯』三田出版会、1993年
ミルトン・フリードマン著、村井章子訳『資本主義と自由』日経BP社、2008年
M&R・フリードマン著、西山千明訳『選択の自由　新装版』日本経済新聞出版社、2012年
エリック・ブリニョルフソン他著、村井章子訳『機械との競争』日経BP社、2013年
ポール・ブルースタイン著、東方雅美訳『IMF（上・下）』楽工社、2013年
B・マンデルブロ著、広中平祐監訳『フラクタル幾何学（上・下）』ちくま学芸文庫、2011年
宮田光雄『ナチ・ドイツと言語』岩波新書、2002年
カーメン・M・ラインハート他著、村井章子訳『国家は破綻する』日経BP社、2011年
バートランド・ラッセル著、中野好之他訳『人生についての断章』みすず書房、1979年
M・ミッチェル・ワールドロップ著、田中三彦他訳『複雑系』新潮社、1996年

【著者】
逢沢明（あいざわ　あきら）
1949年大阪府生まれ。京都大学大学院工学研究科博士課程修了。工学博士。京都大学大学院情報学研究科を定年退職。建設省、科学技術庁、関西文化学術研究都市、京都市などの科学技術・文化政策関連委員を歴任。現在、国際情報学研究所理事長。おもな著書に『転換期の情報社会——産業と文明の未来像』（講談社現代新書）、『頭がよくなる論理パズル』（PHP文庫）、『国債パニック——ゲーム理論で破綻時期を警告!』『21世紀の経済学——失敗史の比較分析に学ぶ』（以上、かんき出版）などがある。

平凡社新書833

パニック経済
経済政策の詭弁を見破る

発行日——2017年1月13日　初版第1刷

著者——逢沢明
発行者——西田裕一
発行所——株式会社平凡社
東京都千代田区神田神保町3-29　〒101-0051
電話　東京（03）3230-6580［編集］
東京（03）3230-6573［営業］
振替　00180-0-29639
印刷・製本—株式会社東京印書館
装幀——菊地信義

ISBN978-4-582-85833-4
NDC分類番号332.1　新書判（17.2cm）　総ページ208
平凡社ホームページ　http://www.heibonsha.co.jp/